O selo DIALÓGICA da Editora InterSaberes faz referência às publicações que privilegiam uma linguagem na qual o autor dialoga com o leitor por meio de recursos textuais e visuais, o que torna o conteúdo muito mais dinâmico. São livros que criam um ambiente de interação com o leitor – seu universo cultural, social e de elaboração de conhecimentos –, possibilitando um real processo de interlocução para que a comunicação se efetive.

Cultura e pós-modernidade

[Felipe Bueno Amaral]

EDITORA intersaberes

EDITORA intersaberes

Rua Clara Vendramin, 58
Mossunguê . Curitiba . Paraná . Brasil
CEP 81200-170
Fone: (41) 2106-4170
www.intersaberes.com
editora@editorainterseberes.com.br

[**Conselho editorial**]
Dr. Ivo José Both (presidente)
Drª Elena Godoy
Dr. Neri dos Santos
Dr. Ulf G. Baranow

[**Editora-chefe**] Lindsay Azambuja

[**Gerente editorial**] Ariadne Nunes Wenger

[**Assistente editorial**] Daniela Viroli Pereira Pinto

[**Preparação de originais**] Fabrícia E. de Souza

[**Revisão de texto**] Tiago Krelling Marinaska

[**Capa e diagramação**] Charles L. da Silva | Nattapol_Sritongcom/Shutterstock (imagem)

[**Projeto gráfico**] Bruno de Oliveira (*design*) | Justgreatphotography/Shutterstock (imagem)

[**Adaptação de projeto gráfico**] Iná Trigo

[**Designer responsável**] Charles L. da Silva

[**Iconografia**] Sandra Lopis da Silveira | Regina Claudia Prestes

---

Dados Internacionais de Catalogação na Publicação (CIP)
(Câmara Brasileira do Livro, SP, Brasil)

Amaral, Felipe Bueno
  Cultura e pós-modernidade/Felipe Bueno Amaral.
Curitiba: InterSaberes, 2020.

  Bibliografia.
  ISBN 978-65-5517-766-4

  1. Ciências sociais 2. Cultura 3. Filosofia 4. Linguagem
5. Pós-modernidade I. Título.

20-42523   CDD-306.0904

Índices para catálogo sistemático:
1. Pós-modernidade: Cultura: Sociologia   306.0904

Cibele Maria Dias – Bibliotecária – CRB-8/9427

1ª edição, 2020.

Foi feito o depósito legal.

Informamos que é de inteira responsabilidade do autor a emissão de conceitos.

Nenhuma parte desta publicação poderá ser reproduzida por qualquer meio ou forma sem a prévia autorização da Editora InterSaberes.

A violação dos direitos autorais é crime estabelecido na Lei n. 9.610/1998 e punido pelo art. 184 do Código Penal.

Sumário [...]

Apresentação, 11
Como aproveitar ao máximo este livro, 15
Introdução, 19

[1] **Zygmunt Bauman, 37**
[1.1] Introdução, 38
[1.2] Ambivalência da modernidade, 41
[1.3] Pós-modernidade fluída: economia, globalização e migrações, 46

[2] **Jean-François Lyotard, 55**
[2.1] Introdução, 56
[2.2] A tecnologia ganha espaço, 60
[2.3] Dos relatos à paralogia, 67

[3] **Jacques Derrida, 77**
[3.1] Introdução, 78
[3.2] Metafísica da presença: desconstruir!, 82
[3.3] *Différence* e *différance*, 89
[3.4] Derrida e o racionalismo moderno, 95
[3.5] Algumas palavras mais, 97

[4] **Fredric Jameson, 103**
[4.1] Introdução, 104
[4.2] Cultura pós-moderna no capitalismo tardio, 109
[4.3] Pastiche como manifestação cultural, 112

[4.4] Esquizofrenia social, 117
[4.5] Historicizar, reconstruir, 122

[5] **Jean Baudrillard, 131**
[5.1] Introdução, 132
[5.2] Um *outsider* denunciando a ciência de rigor, 136
[5.3] Simulacros, massa e hiper-realidade, 138
[5.4] Sistema de sujeitos objetos e objetos sujeitos, 144
[5.5] E a sociedade, afinal de contas?, 148

[6] **Algumas contribuições acerca do pós-estruturalismo, 157**
[6.1] Introdução, 158
[6.2] Humanos e territórios: uma rede de interação, 163
[6.3] Reflexão sobre um caminho metodológico, 166
[6.4] (des-trans-re) Territorializações, 173
[6.5] Conectando ideias, 181

Considerações finais, 189
Referências, 193
Bibliografia comentada, 201
Respostas, 205
Sobre o autor, 207

A Amanda e Luiz Felipe, com quem mais tenho aprendido.
A minha mãe Estela, por todo amor e cuidado que tornaram este projeto possível.

"Toda ciência começa como filosofia e acaba como arte; surge na hipótese e flui para a realização. Filosofia é uma interpretação hipotética do desconhecido (como na metafísica) ou do desconhecido de forma inexata (como na ética ou na filosofia política); é a trincheira adiantada no cerco à verdade. Ciência é o território capturado; e por detrás dele ficam as regiões seguras nas quais o conhecimento e a arte constroem o nosso mundo imperfeito e maravilhoso.

A filosofia parece estar parada, perplexa; mas isto é só porque ela deixa os frutos da vitória para suas filhas, as ciências, enquanto ela própria segue adiante, divinamente descontente, em direção ao incerto e ao inexplorado.

Ciência sem filosofia, fatos sem perspectiva e avaliação não podem nos salvar da devastação e do desespero. A ciência nos dá o conhecimento, mas só a filosofia pode nos dar a sabedoria."

Will Durant, em *A história da filosofia* (1996, p. 21)

Apresentação
[...]

Neste pequeno livro sobre cultura e pós-modernidade, buscaremos fazer um diálogo entre as ciências sociais e a filosofia com o objetivo de apresentar e traduzir as noções dos autores escolhidos. Veremos que esse movimento incessante de análise das noções dos pensadores resultou em uma apresentação epistemológica de suas obras, em vista dos múltiplos pontos de abordagem que poderíamos ter seguido.

A razão disso, além da compreensão de que cada conceito mereceria um livro à parte, é de que aquele que nos lê consiga atingir uma compreensão mais ampla (embora não total) e entender quais foram os diálogos e as tensões que resultaram nas formulações dos autores estudados. Dessa forma, buscamos um equilíbrio que satisfaça o conhecedor profundo de alguma teoria específica ou quem delas apenas está se aproximando com alguma curiosidade.

Diante do desafio de fazer conversar cada ponto de abordagem, dividimos esta obra em capítulos distintos, com alguma conexão aqui e ali. É por isso que os termos como *modernidade clássica*, *modernidade*, *alta modernidade* e *pós-modernidade* serão repetidos com alguma frequência — para situar quem corre os olhos por estas páginas para o momento de produção (contexto) das teorias e dos conceitos que mobilizamos.

Assim, na na seção "Introdução" desta obra, vamos nos demorar um pouco para tratar de caracterizar a modernidade e apresentaremos uma interpretação daquilo que é o ponto central de discussão sobre a cultura da pós-modernidade, ou seja, a história dos efeitos do modernismo. Aliás, essa é a compreensão de como vamos delinear o pós-modernismo neste livro — como uma cultura de pensamento que, produto e produtora da globalização capitalista, transforma as relações das múltiplas sociedades, mas, sobretudo, as sociedades da Europa e dos Estados Unidos.

Logo, partiremos da noção de pós-modernidade como cultura, e não como um período ou corrente científica. Abrimos, portanto, a definição de pós-modernidade para contemplá-la como uma condição de possibilidade do nascimento das teorias pós-estruturalistas e pós-colonialistas. Dessa maneira, vamos nos afastar da separação entre correntes do pensamento científico, como se o pensamento pós-moderno fosse distinto do pensamento pós-estruturalista, por exemplo.

A partir dessas concepções, iniciaremos o Capítulo 1 com algumas perspectivas do sociólogo polonês Zygmunt Bauman. Nesse tópico, fizemos a opção consciente de não abordar sistematicamente os conceitos que permeiam a modernidade líquida, definição proposta pelo autor. Buscaremos realizar um diálogo que vai atravessar toda a obra, que fala de uma estrutura da linguagem na modernidade pautada na classificação e na ordenação da vida daquelas sociedades que, de maneira desavisada, caíram na armadilha ambivalente da linguagem.

No Capítulo 2, avançaremos com Jean-François Lyotard, analisando detalhadamente a alta modernidade e as sociedades posteriores, que o autor chamou de *pós-modernas*. Esse pensador localiza bem o período pós-moderno como decorrente das transformações estruturais ocorridas após a Segunda Grande Guerra, em que o conhecimento científico passou a ser incorporado ao mercado capitalista.

A seguir, no Capítulo 3, vamos apresentar uma análise mais pormenorizada da estrutura da linguagem, se comparada aos dois primeiros autores. Jacques Derrida vai nos brindar com a ideia de desconstrução como chave para compreender os textos ou as interações (para o autor, tudo é texto). Em Derrida, que não é um pós-moderno clássico, vamos nos deter mais à noção de realidade apresentada pelos dois primeiros autores. A presença de Derrida se justifica pela compreensão de cultura pós-moderna mobilizada nesta obra e porque ela nos oferece um outro modo de pensar as epistemes históricas.

No Capítulo 4, o norte-americano Fredric Jameson nos apresentará uma discussão mais atinente da cultura pós-moderna em relação a Derrida, mas ainda assim as reflexões daquele não se afastam muito deste último. Jameson faz da arte um campo maravilhoso de análise sobre a pós-modernidade e trará uma visão histórica muito rica acerca do que compreendemos sobre realidade.

No Capítulo 5, abordaremos Jean Baudrillard, pensador que esforçou-se para distanciar suas análises do circuito acadêmico, principalmente de uma Academia estrita que analisa o mundo confortavelmente atrás da porta dos escritórios.

Por fim, no Capítulo 6 traremos uma síntese muito especial das teorias que vimos e discutiremos como a ideia de verdade ou realidade, que iniciamos com Bauman, se derrama em simulações na pós-modernidade.

As leituras propostas apenas sugerem uma compreensão da pós-modernidade, da filosofia e da ciência. Este livro está longe de ser um afinal de contas. Buscaremos oferecer uma perspectiva entre várias para quem, por acaso, queira aventurar-se pelo mundo da ciência e das práticas sociais contemporâneas.

Como aproveitar ao máximo este livro
[...]

Empregamos nesta obra recursos que visam enriquecer seu aprendizado, facilitar a compreensão dos conteúdos e tornar a leitura mais dinâmica. Conheça a seguir cada uma dessas ferramentas e saiba como elas estão distribuídas no decorrer deste livro para bem aproveitá-las.

[Síntese]

Ao final de cada capítulo, relacionamos as principais informações nele abordadas a fim de que você avalie as conclusões a que chegou, confirmando-as ou redefinindo-as.

[Indicações culturais]
Para ampliar seu repertório, indicamos conteúdos de diferentes naturezas que ensejam a reflexão sobre os assuntos estudados e contribuem para seu processo de aprendizagem.

[Atividades de autoavaliação]
Apresentamos estas questões objetivas para que você verifique o grau de assimilação dos conceitos examinados, motivando-se a progredir em seus estudos.

[Atividades de aprendizagem]

Aqui apresentamos questões que aproximam conhecimentos teóricos e práticos a fim de que você analise criticamente determinado assunto.

[Bibliografia comentada]

Nesta seção, comentamos algumas obras de referência para o estudo dos temas examinados ao longo do livro.

Introdução
[...]

A epígrafe de Durant (1996) nos pareceu pertinente para este livro. Apresentaremos teorias ancoradas no ponto de vista da ciência e que caminham intimamente de mãos dadas com uma filosofia que desbrava os valores – a cultura – da pós-modernidade. As teorias que percorremos nesta não muito extensa apresentação da cultura pós-moderna é crivada de escolhas, caminhos que optamos por seguir para oferecer a quem lê uma perspectiva justa de cada autor escolhido. Um tanto de filosofia e um tanto de ciência. É certo, cada autor mereceria um livro de comentários e apresentações. Não! Cada fase conceitual atravessada por cada um dos autores aqui apresentados mereceriam livros que lhes fizessem alguma justiça. Diante da impossibilidade, optamos por oferecer ao leitor uma perspectiva que nos pareceu central em todos eles, a servir como ponto de apoio para incursões mais profundas.

O exercício epistemológico que se nos impõe agora é talvez o mais complexo movimento de ir e vir do pensamento ao longo da trajetória acadêmica que nos propusemos. Vamos apresentar uma corrente de pensamento que é fruto de uma teia de eventos emaranhados, por meio de um exercício que nos obrigou a fazer escolhas difíceis em relação a nossos limites. Queremos contribuir com alguma tradução de noções mais gerais da teoria pós-moderna, como em um movimento de costura que vai prendendo fios uns aos outros, emaranhando com alguma referência estético-social. Sem dúvida, é um exercício de profunda reflexividade – para utilizar um conceito dos pensadores ditos *pós-modernos* – que se converte nesta obra extremamente híbrida.

Se, por um lado, o hibridismo nos denuncia e expõe, por outro nos liberta para pensar pós-modernamente os aléns da pós-modernidade, das suas linhas de fuga. Quem se aventurar por estas páginas não vai encontrar um manual ou algo cristalizado e definitivo – para isso, basta recorrer às obras dos autores. Diferentemente disso, terá a oportunidade de ter contato com uma abertura de pensamento, que não pretende mapear o todo do pós-modernismo, senão ressaltar as ausências e os ruídos e dar uma perspectiva de interpretação. Mais que qualquer coisa, buscaremos, no movimento mesmo da tecitura, ora atar mais os fios, ora afastá-los e acrescentar fios de cores diferentes.

Na teoria social, temos o hábito de pensar a pós-modernidade como algo fluído, no qual as relações se dão ante a explosão das noções de espaço e de tempo, estruturadas e estruturantes da globalização. É uma explosão das fronteiras entre Estados, entre indivíduos e entre os campos do saber. Seguimos essa linha, embora sempre perseguindo o pano de fundo do qual se levantaram essas noções, ou seja, por meio da análise da transformação dos processos de pensamento. Vamos perceber que os autores identificam isso pelas diferentes linguagens na ciência, na filosofia, na arte, na arquitetura etc.

Em razão disso, dá-se a mescla de correntes e disciplinas dos autores que pusemos para conversar nas páginas que se seguem.

Apresentaremos as noções de Jean-François Lyotard, Zigmund Bauman, Jean Baudrillard, Jacques Derrida e Fredric Jameson nos limites que mencionamos, essencialmente a seleção dos autores, assim como o que tratar de cada um deles. É certo que existem outros autores e autoras, mas aceitamos um desafio que nos foi proposto de pensar e apresentar a pós-modernidade sob esse recorte. Ainda que ausentes da análise central, buscamos, claro, manter um diálogo com a dialética pós-moderna de David Harvey (1992), com as transformações dos indivíduos de Anthony Giddens (1990), Ulrich Beck (2011) e Michel Maffesoli (2006), ou ainda as posições de uma filosofia pós-moderna com Gianni Vattimo (1986). As escolhas nunca são fáceis e também falam de uma certa perspectiva política na Academia.

Isso também diz muito sobre os conceitos. Quem nos lê vai compreender como cada autor formula sua teoria e se situa na história do pensamento, o terreno onde acontecem as disputas e as tensões que resultam num quadro epistemológico. No entanto, as escolhas não são inocentes, e não podemos nos furtar, justificando-as, de explicitar nossa compreensão de pós-modernidade e como a cultura aparece neste livro.

Primeiro, devemos mencionar que a pós-modernidade não tem uma data de nascimento, assim como qualquer tempo histórico. Ela advém de um processo lento de transformação dos elementos cognitivos e econômicos que estruturam a sociedade e que resultam nessa cultura com a qual vivenciamos o mundo ocidental. Também não nos preocupamos em ordenar os autores a partir dessa ótica — nem sequer foi uma preocupação. Todos eles, de um modo geral, entendem que, após a Segunda Guerra

Mundial, muitas transformações ocorreram nas sociedades e que o conjunto dessas transformações compõe o modelo de pensamento (ou cultura) pós-moderna.

Isso também rompe com a ideia de que modernidade e pós-modernidade são coisas diferentes. Trata-se do ordenamento de elementos muito específicos que foram ocorrendo desde meados do século XIX, tais como a deslegitimação da ciência, o deslocamento da metafísica e de estruturas da linguagem, a globalização, o avanço da tecnologia da comunicação, as transformações da intimidade etc. Esses elementos não surgiram todos juntos, planejada e ordenadamente, para compor o que chamamos de *cultura da pós-modernidade*.

Jean-François Lyotard (2009, p. 36) cita que "o consenso que permite circunscrever tal saber e discriminar aquele que sabe daquele que não sabe (o estrangeiro, a criança) é o que constitui a cultura de um povo". Entretanto, como mencionamos na seção "Apresentação", o termo *cultura*, nesta obra, indica o conjunto manifesto de pensamentos e ações que serviram de tema para os autores apresentados e tantos outros que sequer citamos. Por isso, não dedicamos um capítulo para apresentar uma discussão minuciosa sobre cultura.

Por fim, é necessário destacar que abusamos de termos como *ocidental, modernos ou europeus*, como predicado das sociedades que os autores estão analisando. Entendemos que o excesso, nesse caso, se justifica pela composição da presente obra, justamente pela maneira um tanto quanto desordenada que oferece de leitura. O que os autores a serem apresentados estão discutindo são esquemas e interpretações muito localizadas, baseadas nas sociedades do norte do globo — e tais interpretações nos ajudam a pensar nossas sociedades pela simples razão das inúmeras colonizações a que fomos e somos submetidos.

Cultura e pós-modernidade

Antes de definitivamente abordarmos a pós-modernidade, vamos entender o que foi definido como *modernidade* e compreender quais foram os processos e as marcas que transformaram a Idade Clássica e seu sistema de produção feudal, e como isso organiza nosso sistema de pensamento hoje, em quase todos os lugares do mundo. No limite, é disto que se trata: refletirmos um pouco sobre as estruturas de pensamento que nos ajudam a interpretar o mundo, as construções de conhecimento segundo as quais reproduzimos as diferenças de raça, cor, gênero, crenças e mesmo como isso se mostra nas relações e nas manifestações de amor ou produções artísticas. É interessante pensar que essa reprodução de pensamento se dá mesmo em territórios ou continentes que não conheceram o feudalismo e são alheios ao berço do capitalismo, mas que, ainda assim, vivem os efeitos distintivos da modernidade, seja como uma sequência dela, seja como uma contraposição a ela, a exemplo do que revelam as diferentes perspectivas da pós-modernidade.

Já mencionamos que, quando utilizamos o termo *cultura* neste livro, queremos nos referir a uma forma de pensar que é característica das sociedades ocidentais e que vem se estruturando de maneira mais forte desde meados do século XX. Tomamos de empréstimo uma frase da célebre antropóloga Ruth Benedict (1972, p. 19) — "As lentes através das quais uma nação olha a vida não são as mesmas que uma outra usa. É difícil ser consciente com os olhos através dos quais olhamos" — para justificar a maneira como estamos entendendo o enredo da presente obra: a de que o conjunto de elementos que constituem a condição pós-moderna pode ser entendido como uma cultura.

O argumento é simples: entendemos que a modernidade ou, melhor, o período moderno, que se iniciou no século XV, foi o período da razão e do esclarecimento, de um saber racionalmente organizado que, por meio de estratégias atravessadas pelo colonialismo e pelo imperialismo, orientou uma enorme fração da estrutura de conhecimentos que mobilizamos em nossas práticas ocidentais. Entretanto, com as mudanças que apresentamos neste livro por meio das várias perspectivas dos autores, vamos perceber uma mudança importante nos caminhos do pensamento ocidental: a ciência, representando o saber e a razão, pouco a pouco foi sendo deslocada de seu papel central e pouco a pouco foi perdendo espaço para a técnica. Não existe uma só justificativa para esse deslocamento, como veremos nas páginas que se seguem, mas poderíamos de antemão dizer, de modo sintético, que é uma consequência do capitalismo (sendo o capitalismo ele mesmo um produto da modernidade) e seus inúmeros mecanismos de funcionamento.

Existem outras questões de ordem linguística, da estrutura da linguagem mesmo e de como apreendemos as coisas do mundo, questões de ordem epistemológica gestada em conjunto com o fim do capitalismo e a inauguração da vida urbana burguesa; a diluição das fronteiras para transação e relações de capitais (globalização) e ao mesmo tempo o levantamento de muros em defesa das nacionalidades; um processo civilizatório esgotado e um humanismo que se mostrou frágil ante a efetiva manifestação fenomênica de coisas e objetos. Todas essas coisas, colocadas assim de forma desconexa, serão apreendidas no decorrer desta obra. Para nosso propósito inicial, basta que compreendamos a teia que conecta essas coisas como uma cultura da modernidade e que é questionada por um movimento que denuncia seu término.

Portanto, quando levamos a cultura para o título da obra e não a discutimos em separado, é justamente para sublinhar que a pós-modernidade tem características que estão mais e menos interligadas com as características da modernidade, ainda que seja sempre de maneira a criticá-la. Em outras palavras, não consideramos a cultura como práticas mais ou menos independentes da política e da economia e que servem de referencial estético para comunidades determinadas, nem tampouco como uma espécie de capital que serviria como fuga catártica do mundo da vida urbana contemporânea, o qual deriva em dois outros significados: de um lado, pela própria noção de capital, a cultura poderia ser entendida como um ativo, que, de outro lado, no sistema econômico, separaria indivíduos com e sem cultura; desse modo, a cultura serviria como mais um elemento de distinção.

Sabemos que, quando a cultura é vista como catarse na contemporaneidade, ela pode ser interpretada por meio de uma noção crítica mais ou menos recente e que foi desenvolvida pelos pensadores da escola de Frankfurt. A noção é de que a cultura (em geral) passou a ser produzida e incorporada no sistema mercantil, produzindo não só mais consumo por meio da propaganda, mas também outra forma de alienação sobre as condições dos indivíduos na contemporaneidade.

A cultura da pós-modernidade, no entanto, nos mostra transformações nas formas das relações sociais, que agora devem ser entendidas em sentido amplo, não somente humano, já que essa compreensão nos encaminhou para uma crise ambiental. Significa dizer que hoje entendemos a natureza diferentemente do modo como foi percebida pelos defensores da razão. Não só isso: a ciência se transformou, como já mencionamos, e, com ela, mudaram as percepções sobre o tempo, o espaço e os territórios e a definitiva importância destes nas relações sociais. Transformaram-se as sociedades, os indivíduos e as identidades. Relações mais fluidas, teleguiadas, a quebra do tempo e do espaço, dos gêneros; estamos aprendendo a questionar o papel racional masculino branco europeu e a reconhecer a emergência de outras vozes.

Agora devemos mencionar discursos subalternos e a mãe terra. Reconhecemos o hibridismo não só cultural, que questiona a essencialidade das nações, mas também um hibridismo entre humanos e coisas, que vão estruturando em eterno movimento as identidades. A pós-modernidade abriu caminho para pensar uma sociologia dos objetos e coisas, das novas interações cibernéticas e das formas de nos relacionarmos em sociedade. São relações globais de afeto e de mercadorias que vão mudando também as identidades dos sujeitos e dos objetos pelas várias lentes com que vemos o mundo. A transformação ontológica e epistemológica, portanto, da estrutura da linguagem, das artes, da ciência, das relações e dos territórios compõe isso que estamos chamando de *cultura pós-moderna*.

Então, o que é a modernidade?

O escritor britânico-polonês Joseph Conrad, em seu aclamado romance *O coração das trevas* (1998 [1902]), descreve os passos iniciais do período de colonização da África, das densas florestas, dos corpos negros, dos rituais e de um mundo de ecologias múltiplas e incontroláveis. Pela literatura, Conrad critica aquilo que hoje conhecemos como *modernidade* e vai ao ponto central de seus primeiros efeitos, evidenciando as relações de poder entre "civilizados e selvagens" e as diferenças entre crenças, práticas e costumes sociais (cosmologias). Essa colonização de territórios, corações e mentes compõe e estrutura o conjunto de ações que se desdobram na noção do humano como centro do universo e nas diferentes qualificações acerca da humanidade; surge nesse momento uma nova compreensão da humanidade.

Toda teoria social se baseia de alguma maneira nessas transformações, nos seus efeitos subjetivos e coletivos e nas formas como as sociedades foram regulamentando formal e informalmente suas práticas. Ao retomar essa discussão partindo de um romance, nossa intenção não é esgotar a questão da modernidade, já debatida a exaustão, tampouco dar-lhe um tratamento científico diferente. O que queremos é demonstrar um processo de transformações de práticas e, a partir disso, de transformação do pensamento sobre o mundo, a fim de preparar quem lê para as discussões que se seguem nesta obra.

As diferenças são a espinha dorsal das sociedades; condição sem a qual os indivíduos só poderiam interagir nos moldes da sociedade que Aldous Huxley nos apresenta em *Admirável mundo novo*, ou mesmo a Oceania de George Orwell, no seu último e influente livro, *1984*. A distinção social entre humanos foi avançando com o fim da Idade Clássica e a subsequente emergência do capitalismo, e nesse processo foi incorporando novos elementos além das diferenças de classe ou sobrenome. Toda construção sobre aquilo que chamamos *sangue* para justificar a diferença de poder entre pessoas foi pouco a pouco sendo redefinida, até que as primeiras grandes navegações resultaram na comercialização, na objetificação, portanto, de outros seres humanos. Talvez essa tenha sido a maior perversidade que a modernidade tenha produzido.

Encerrou-se um pensamento essencialmente simplificador, que não dava conta da complexidade do mundo da vida, mas que servia para iluminar e organizar as sociedades. A magia da experiência fantástica e inexplicável produzida nos indivíduos pelas manifestações da natureza, por exemplo, passaram a ser separadas da sociedade e encaixadas cada uma em seu lugar correspondente. O humano necessitava produzir sua vida material, e o que não podia ser compreendido ou explicado foi lançado para o plano metafísico ou para a esfera científica.

Começamos a separar os processos da vida e a relegá-los a seus devidos espaços. Ainda que seguissem sendo vividos e produzidos juntos, aprendemos a pensá-las em fragmentos: a parte da cultura, a parte da natureza, a parte divina, a parte científica etc. Para organizar as sociedades de modo controlável, explicável e, sobretudo, lucrativo, a modernidade exacerbou o pensamento dualista e dicotômico. É isso que Max Weber chama de *desencantamento do mundo* e que Friedrich Nietzsche denuncia como a morte de Deus.

É preciso sublinharmos que a separação do humano como ser pensante da natureza, esta um objeto a ser dominado e conquistado – com o *Penso, logo existo*, de Descartes —, foi produzindo o modo como hoje vemos o mundo. A diferença é característica das sociedades, mas as separações entre humano e natureza e entre humanos e humanos foram se refinando para a intolerante busca de uniformização, dos padrões culturais que apenas representam uma cultura, novamente, branca, eurocêntrica, masculina etc. Da mesma forma, o cultural sempre se sobressaiu ao natural, e as crises ambientais falam por si. Ainda hoje percebemos essas concepções que vivenciamos em relação aos indígenas, por exemplo. Estes, na literatura, na sabedoria popular, na religião e na ciência, não foram incluídos ao lado da cultura, mas, sim, da natureza (a ser dominado, catequizado, conquistado etc.).

A Europa, com seu sistema de práticas territoriais fundamentado na aniquilação da diferença, produziu o que o mexicano Enrique Leff (2002) chama de *crise do conhecimento*, na forma dos mais variados preconceitos e de distinções entre os humanos, definindo quais são os representantes da cultura e quais pertencem ao reino das trevas e da irracionalidade – os bárbaros e os selvagens. Surge o outro. Mais correto ainda seria dizer que surge o **nós** (brancos, europeus, capitalistas, cristãos) contra todos os **outros**. Essa separação foi estabelecida com base em elementos como a região geográfica, a cor da pele, o desenvolvimento tecnológico e a organização estrutural das sociedades.

Quem lê o romance de Conrad se depara com parágrafos densos, em que um narrador implícito descreve cenários da abundante selva africana e seus rios, onde sujeitos brancos de vários países da Europa desembarcavam dos vapores com a missão de implantar o desenvolvimento àquelas regiões de trevas. O narrador que fala por meio de Conrad no romance, um marinheiro inglês de meia idade, descreve o cenário das comissões colonizadoras nos rios africanos de tal maneira que a natureza é representada como algo hostil a ser controlado e os seres humanos das sociedades subsaarianas, como animais selvagens.

> A terra era irreconhecível. Estamos acostumados a contemplar a forma agrilhoada de um monstro vencido, mas ali – ali podíamos ver a monstruosidade à solta. Não era uma coisa deste mundo, e os homens... Não, não eram desumanos. Bem, vocês sabem, era isso o pior de tudo – essa desconfiança de que não fossem desumanos. Era uma ideia que nos ocorria aos poucos. Eles berravam, saltavam, rodopiavam e faziam caretas horríveis; mas o que mais impressionava era a simples ideia de que eram dotados de humanidade – como a nossa – a ideia do nosso parentesco remoto com toda aquela comoção selvagem e passional. Feia. Sim, era muito feia; mas você, se for homem bastante, reconhece intimamente no fundo de si um vestígio ainda que tênue de resposta à terrível franqueza daquele som, uma suspeita vaga de que haja ali um significado que você – você, tão distante das noites das primeiras eras – talvez seja capaz de compreender. (Conrad, 1998, p. 59)

O pensamento do protagonista, que narra a história quase sem interferência a um grupo de amigos, ao fim do dia e em um convés de barco, nos dá algumas pistas do que a partir de agora chamaremos de *epistemologia moderna*. É certo que existem muitas epistemologias modernas, mas com essa expressão queremos aludir não a uma teoria do conhecimento moderno, e, sim, precisamente àquilo que Deleuze e Guattari (2010) nomeiam como terreno fértil, solo do qual nasce o pensamento. No momento em que vivia a experiência de contato com o outro selvagem, o personagem não precisava pensar, já o tinha muito claro: aqueles que pulam e dançam são diferentes de mim, desprovidos de humanidade.

No entanto, ao contar a história, em voz alta e sob o julgamento de ouvidos conhecidos, o narrador reflete sobre a vivência. Aquilo que já tinha acomodado sem reflexão é agora revisto, e o autor lhe empresta reticências: "ali podíamos ver a monstruosidade à solta. Não era uma coisa deste mundo, e os homens... Não, não eram desumanos" (Conrad, 1998, p. 59). Nesse caos, mais vale o que não se diz, e a chave está nas reticências, porque, até aquele momento de reconstruir a narrativa, a desumanidade daqueles que, curiosos ou amedrontados, defendiam seus territórios era um fato.

A epistemologia moderna no modo como estamos apresentando é meio de cultura que culmina nas práticas sociais que realizamos hoje. Toda separação dicotômica é simplificadora da realidade da vida, ou seja, quanto mais aproximamos a lupa dos eventos sociais (vamos perceber, assim como o narrador de Conrad, que pensamos de modo a "naturalmente" reproduzir separações entre as coisas – e os dualismos nos ajudam a ver isso), mais percebemos que de fato elas não podem ser divididas. O pensamento metafísico está mesclado ao pensamento racional, assim como a natureza está permeada de cultura. Parece-nos que essa síntese basta para traduzir muito brevemente o que Latour (1994) chamou de *hibridismo*. Para ele, quanto mais tentamos isolar as coisas, mais híbridos produzimos. As teorias de gênero também nos ajudam quando nos desafiam a definir o que é um homem e o que é uma mulher. Temos a impressão de ser uma questão dada, mas quando nos empenhamos com seriedade na tarefa de separar um e outro, menos a tarefa se mostra possível. Produzimos as reticências, esse espaço vago no pensamento que escapa de toda simplificação.

Das reticências e da exploração emergem as teorias ambientais, de gênero, de raça, de nacionalidade e culturais, como nas teorias pós-coloniais ou pós-modernas. As crises, em todos esses aspectos do mundo da vida, podem ser pensadas como uma crise do conhecimento ou, melhor dito, uma crise da epistemologia moderna, que, para produzir manutenção de poder (de várias maneiras e não nos deteremos a isso), precisou legitimar a razão sobre todas as coisas. Desencantamos o mundo e matamos os deuses para, num exercício opressor e não libertador, aumentar os rendimentos da produção material de nossas vidas. A filosofia alemã do século XIX enfrentou com Hegel e depois com Marx esse problema, quando das transformações dos processos de produção de mercadorias e a decorrente perda de consciência dos indivíduos sobre o real cotidiano.

Se o humano é o centro de todas as coisas (antropocentrismo), tudo o que não é humano é imediatamente lançado para a margem, para o extraterritório. A rotina se estabeleceu e já não precisamos pensar sobre o assunto. Em casa ou fora dela nos encerramos entre quatro paredes, fechamos as janelas e controlamos o clima do ambiente, nos desconectamos do mundo e passamos a não controlar o todo do nosso trabalho, que agora é produzido em série. Perdemos a dimensão complexa, e o sujeito vive um embotamento devido à simplificação. Isolamo-nos e virtualizamos as relações comerciais e de afeto. Eis o humano que pensa e existe, mas que não tem consciência acerca de si. Eis um fruto da modernidade condenado a desaparecer.

Pós-colonialismo e pós-estruturalismo

De uma maneira muito particular, este livro seguiu por caminhos que suscitam uma discussão acerca do pós-colonialismo e pós-estruturalismo, e por isso as reservamos para o final da obra. A passagem que extraímos de Conrad (1998) nos mostra um movimento de domínio da Europa sobre territórios africanos. O território contém o espaço e a paisagem e geralmente o pensamos pela sua perspectiva geográfica. Entretanto, já demos alguns passos que nos sugerem uma abertura epistemológica, e é disso que se trata este livro: de pensar epistemologias e teorias pós-modernas.

No caso dos territórios, significa refletir sobre como se constituem, as formas de economia e de política, as tradições e as ancestralidades que vão desenvolvendo conhecimentos e saberes. Não se trata de dizer que os territórios servem como recipientes nos quais se formam as culturas dos povos. Os territórios devem ser considerados essências com e pelas quais se formam os aspectos tradicionais e específicos das sociedades. Desse modo, quando abordamos um movimento de colonização de territórios, que sempre deve ser pensado em relação ao poder, o que está envolvido não é uma simples transformação do uso da terra, mas uma completa transformação de todo um plano de conhecimento, acumulado e transformado durante milhares de anos e que impactam, geralmente (para não dizer sempre), de maneira negativa na cultura territorial dos povos.

Essa questão do território físico e cultural deve ser transferida para o movimento acadêmico de pensar a ciência, da modernidade para a pós-modernidade, para compreendermos o que está em jogo. A ciência nada mais é que **um** discurso sobre a realidade (que está em constante transformação). Pensar a ciência moderna e o domínio de territórios implica refletir sobre narrativas, ou seja, discursos que se sobrepõem a outros com objetivo de verdade. É esta a estratégia do movimento de colonização: disputas que envolvem pensar qual é a lente (segundo o conceito de cultura que mencionamos) correta por meio da qual devemos olhar o mundo, ou a realidade.

Mas a lente quase sempre nos faz reféns de certas "realidades". Com razão, diz-se que a mente pensa onde os pés pisam. Nesse caso, devemos compreender também um momento histórico. Somos produto e produtores das nossas estruturas de pensamento, portanto. No trecho a seguir, o crítico literário palestino Edward Said nos revela uma impressão particular sobre o que ele chama de *falta de espírito crítico*, demonstrada por Conrad em seus romances. Claro, Said toma obras de vários autores para demonstrar como os romances foram fundamentais na disseminação das ideias colonizadoras, tanto no império quanto nas colônias, e como isso se manifestava até em quem tinha relativo distanciamento para observar o que estava acontecendo, como é o caso dos artistas e dos pensadores.

> Conrad parece dizer: "Nós, ocidentais, decidiremos quem é um bom ou um mau nativo, porque todos os nativos possuem existência suficiente em virtude do nosso reconhecimento. Nós os criamos, nós os ensinamos a falar e a pensar, e quando se revoltam eles simplesmente confirmam nossas ideias a respeito deles, como crianças tolas, enganadas por alguns de seus senhores ocidentais".
> (Said, 2011, p. 19)

Nessa passagem, Said está se referindo a outra obra de Conrad, *Nostromo*, que trata do domínio dos Estados Unidos em países da América Central. Said (2011, p. 19) segue e afirma: "é isso, com efeito, o que os americanos sentem em relação a seus vizinhos do sul: que a independência é desejável para eles, desde que seja o tipo de independência que nós aprovamos. Qualquer outra coisa é inaceitável e, pior, impensável". Por esse motivo, a conquista de territórios está sempre relacionada com aspectos de transformação de ideias. Digamos de uma vez: a transformação é sempre positiva, menos quando ela envolve domínio, controle e extermínio de outras expressões de pensamento.

Isso nos leva a pensar a produção acadêmica do hemisfério sul do globo, ou melhor, a seu reconhecimento. As colonizações territoriais, a era das grandes navegações nos lançou em um modelo de pensamento mais ou menos homogêneo, que está contido no pensamento moderno. Quando a racionalidade perde seu papel na hierarquia do saber, já mencionamos, outras vozes começam fazer-se escutar. Então, um movimento muito forte de valorização territorial emerge, valorizando as cosmologias até então "adormecidas" e fazendo vibrar outra maneira de fazer ciência, outras relações de poder, outros sistemas mercantis, outras formas de relações sociais. Nasce o pensamento pós-colonial.

Nesse mesmo bojo, outras formas de pensar e fazer ciência vão abrindo espaço, e até a maneira de a própria ciência se produzir é questionada. Necessitamos pensar diferente o mundo, já que as expressões e as categorias que utilizávamos para descrever processos e permanências não servem mais. Não seria exagero dizer que a natureza mudou. Nessa nova lógica, incluem-se os pensadores pós-estruturalistas, que revelam ausências na construção do saber eurocêntrico e que agora buscam resgatar a importância dos não humanos (coisas e objetos) nas relações sociais, por exemplo.

Seria encantador escrever horas sobre esses processos históricos da ciência, suas lógicas de transformação, mas este não é o espaço. O que objetivamos com essa longa introdução é dizer, ou reconhecer, que existem formas de pensamento e de práticas científicas que mudaram substancialmente desde o início do século XX, e com maior força com o fim da Segunda Grande Guerra, em 1945. Neste livro, a todas essas novas expressões, atribuímos o termo *pós-moderno*. É esse processo que queremos demonstrar e alguns dos caminhos trilhados por ele. Somos reféns das condições de produção (lugar, contexto, materiais à disposição etc.) e, por isso mesmo, fizemos um exercício de pensar a pós-modernidade das suas bases.

Zygmunt Bauman
[Capítulo 1]

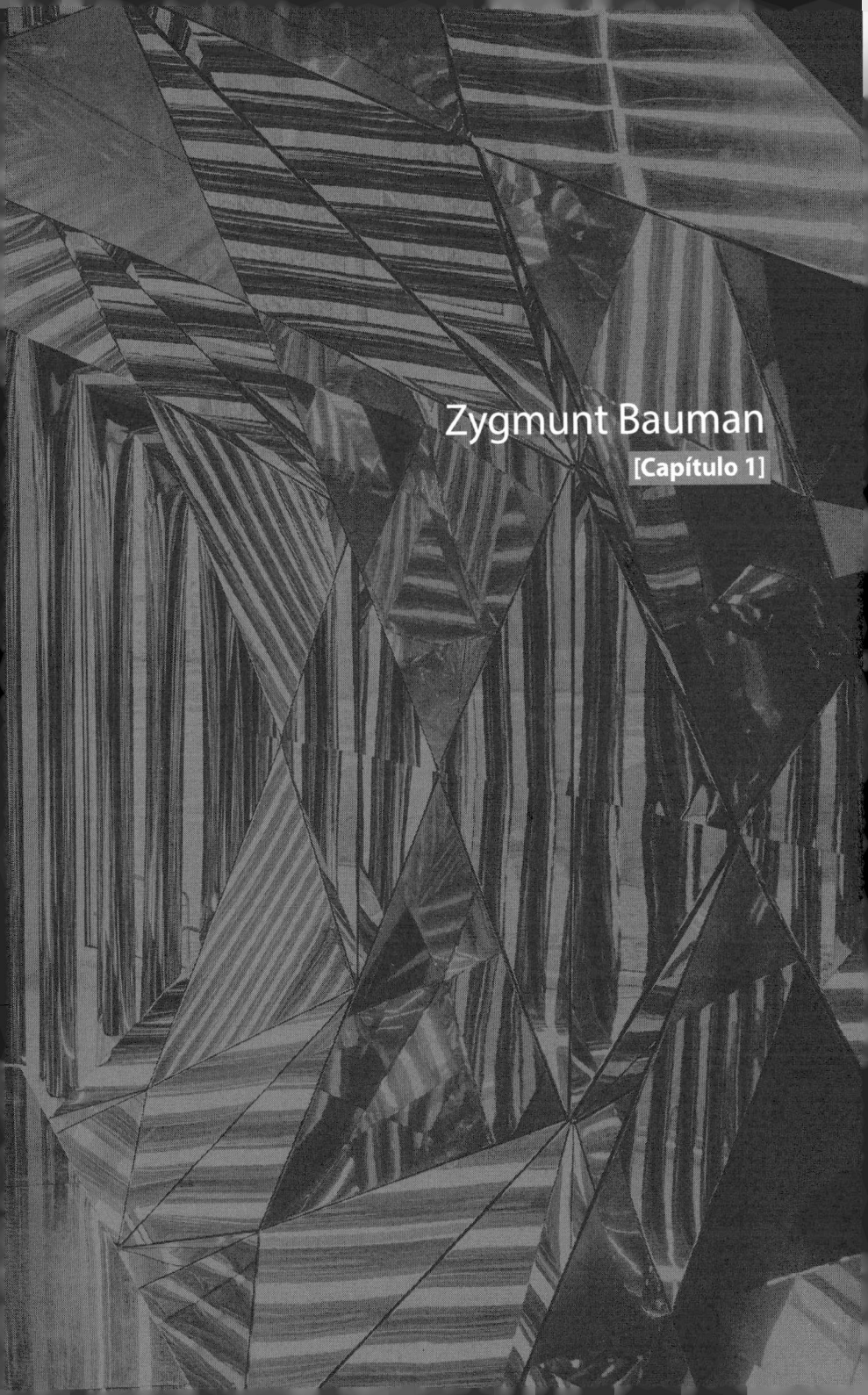

Bauman nasceu na Polônia, em 1925, e faleceu no Reino Unido, em 2017. Sociólogo e filósofo, buscou investigar as transformações das sociedades e dos indivíduos em tempos de alta tecnologia e globalização. Para o autor, a pós-modernidade deve ser compreendida como modernidade líquida, em uma referência a um estado físico dos materiais que se ajustam e adéquam desde as menores até as mais intensas variações. A principal característica do estudioso polonês, comparado com os outros autores que apresentamos neste livro, é sua capacidade de tradução e difusão das próprias obras em diversos formatos, para além dos círculos acadêmicos.

[1.1] Introdução

Quanto mais nos aproximamos dos escritos de Bauman, mais percebemos um misto entre pessimismo e esperança, algo no projeto humano que ainda precisamos cumprir como projeto moderno civilizatório – uma alusão à ideia de que o processo de civilização é um contrato definitivo que nutre todos os componentes contra a barbárie. Com Bauman nos damos conta de que a modernidade propiciou as formas mais perversas de segregação, de preconceito e de extermínio humano, justamente apoiado em dois de seus princípios civilizatórios mais caros: a instrumentalização racional do humano como sociedade na figura da ciência e a centralização do controle da força no Estado, que, por meio da burocratização e da racionalização, proveria a emancipação dos seus indivíduos.

Bauman produz um sentimento de liquidez geral no mundo contemporâneo até ao mais desatento acadêmico ou estudioso das temáticas de cultura. Ouvir o nome do autor, pelo menos no contexto acadêmico brasileiro, nos remete a palavras como *pós-modernidade, modernidade líquida* ou *fluidez nas relações*; já representa um lugar comum nas conversas em sala de aulas e mesas de bar. Isso porque o autor nos chega com uma tradução mais tátil das transformações culturais dos últimos dois séculos, em face da leitura de Jacques Derrida, por exemplo. Em uma comparação entre modernidade e contemporaneidade, Bauman sempre nos demonstra a fluidez e a instantaneidade de qualquer interação ou sentimento, seja na modernidade, seja na contemporaneidade.

As transformações da modernidade para a pós-modernidade, estruturadas de modo recursivo pela dependência tecnológica, pelo poder concedido pelos Estados às empresas e pelo trânsito cada vez mais volumoso de indivíduos através de fronteiras, mudaram significativamente as relações. As relações de proximidade foram reestruturadas, isolando os indivíduos, que cada vez mais são expostos aos riscos do desemprego, da falta de amor, das inúmeras violências materiais ou simbólicas e da própria exposição da intimidade.

Revisar o amplo estoque de análises dos comentadores das teorias de Bauman, além dos vídeos, dos textos e das cartas do próprio autor amplamente divulgados na internet, nos coloca em uma bifurcação teórica: não há como falar das teorias do autor polonês sem mencionar seu principal conceito, o da *modernidade líquida*, criado para demarcar as transformações estruturais das sociedades ocidentais. Por outro lado, e em vista mesmo dessa difusão do pensamento de Bauman, gostaríamos de revisar pontos que subsidiam o desenvolvimento de suas teorias antes de transformá-lo nesse sociólogo-*show* que pulverizou amplamente suas ideias acerca das relações sociais contemporâneas.

Inicialmente, vamos nos permitir apresentar, portanto, um Zygmunt Bauman um pouco diferente. A noção de pós-modernidade do autor está lá, caracterizada na fluidez, pelas relações que se ajustam às condições de possibilidades, que também se estruturam na busca incessante de realização do eu, de satisfação pessoal, mas que já não é no futuro — e esse é o ponto-chave para Bauman. As relações (de afeto ou comerciais) não se sustentam mais na esperança de que um dia as coisas serão melhores, ideia já gestada em Nietzsche (1954, 1976). A pós-modernidade é a cultura da busca frenética e inconsciente de satisfação no aqui e agora. Melhor dizendo, está dado que o indivíduo na pós-modernidade merece e pode alcançar a satisfação dos seus desejos em todas as esferas de sua vida (Bauman, 2001, 2009).

Logo, ante a consciência de finitude (morte do sujeito) e diante de um tempo que nos escapa a cada instante (*Não temos tempo a perder!*; *Tempo é dinheiro!* etc.), se algo não satisfizer os desejos merecidos, o indivíduo se move em outra direção. Não transforma fracasso em felicidade, pois não há tempo; ele busca a felicidade em outro lugar (Bauman, 2001). Esse movimento, que chamamos de *satisfação inconsciente*, demonstra essa busca pela felicidade instantânea como condição inexorável ao indivíduo pós-moderno, mas, ao mesmo tempo, ela não tem um propósito definido como na modernidade; já não existe ordem, caminho, passos a seguir. A felicidade imediata é perseguida ante a certeza da incerteza e sem propósito definido, já que, na ausência da ordem, tudo é caos (Bauman, 1999).

[1.2]
Ambivalência da modernidade

> Estabelecer uma tarefa impossível significa não amar o futuro, mas desvalorizar o presente. Não ser o que deveria ser é o pecado original e irredimível do presente. O presente está sempre querendo, o que o torna feio, abominável e insuportável. O presente é obsoleto. É obsoleto antes de existir. No momento em que aterrissa no presente, o ansiado futuro é envenenado pelos eflúvios tóxicos do passado perdido. Seu desfrute não dura mais que um momento fugaz, depois do qual (e o depois começa no ponto de partida) a alegria adquire um toque necrofílico, a realização vira pecado e a imobilidade, morte. (Bauman, 1999, p. 19)

De fato, a pós-modernidade em Bauman é algo bem marcado (mas não datado), é algo que caracteriza e chancela a atitude do indivíduo pós-moderno, como aquele que se reconhece ou tem consciência de que o projeto de vida é falho. Se antes, na modernidade, os indivíduos buscavam a ordem em contraposição ao caos, na pós-modernidade o projeto, ou o futuro, é incerto. Contudo, essa incerteza é um fenômeno que deve ser lido por meio da ambivalência de sentido, que nasce no mundo moderno.

Vamos identificar em Bauman (1999) uma concepção que, em alguns autores, vai ser lida como o dualismo da linguagem e, em outros, como a inexistência do real na modernidade. Isso passa a representar a própria realidade por meio de simulação, mas já sem essa realidade como referente. Para o estudioso polonês, a modernidade, "como todas as outras quase totalidades que queremos retirar do fluxo contínuo do ser, torna-se esquiva: descobrimos que o conceito é carregado de ambiguidade, ao passo que seu referente é opaco no miolo e puído nas beiradas" (Bauman, 1999, p. 12). Para o autor:

> Classificar significa separar, segregar. Significa primeiro postular que o mundo consiste em entidades discretas e distintas; depois, que cada entidade tem um grupo de entidades similares ou próximas ao qual pertence e com as quais conjuntamente se opõe a algumas outras entidades; e por fim tornar real o que se postula, relacionando padrões diferenciais de ação a diferentes classes de entidades (a evocação de um padrão de comportamento específico tornando-se a definição operacional de classe). Classificar, em outras palavras, é dar ao mundo uma estrutura: manipular suas probabilidades, tornar alguns eventos mais prováveis que outros, comportar-se como se os eventos não fossem casuais ou limitar ou eliminar sua casualidade. (Bauman, 1999, p. 9)

O indivíduo moderno opera por meio de classificação de coisas – próximo daquilo que tentamos explicar na introdução desta obra. Segundo Bauman (1999, p. 11), "classificar consiste nos atos de incluir e excluir", portanto, a ânsia de classificação da modernidade gerava nos indivíduos uma falsa segurança de controle, primeiro porque nos fornece a ilusão do poder sobre a coisa; depois porque, quando a ideia ou o conceito é lançado sobre algo, a ambivalência passa a existir (Bauman, 1999; Derrida, 1995). Nesse sentido, temos:

> A ambivalência, possibilidade de conferir a um objeto ou evento mais de uma categoria, é uma desordem específica da linguagem, uma falha da função nomeadora (segregadora) que a linguagem deve desempenhar. O principal sintoma de desordem é o agudo desconforto que sentimos quando somos incapazes de ler adequadamente a situação e optar entre ações alternativas. (Bauman, 1999, p. 9)

A modernidade viveu essa ideia da ameaça da desordem, do incerto, e foi justamente isso que a implodiu, já que a ambivalência é uma consequência do trabalho de classificação. A ordenação das coisas e dos objetos do mundo produzia a sensação de controle, mas também se fechavam os olhos para o duplo produzido na classificação – lembremos novamente do *cogito* cartesiano, segundo o qual tudo aquilo que não pensa não existe. Logo, não há padronização possível ou existe mais de uma padronização. Essa ideia remetia ao período clássico, quando tudo no mundo era encantado e cheio de mistério e magia. Ao organizarmos e etiquetarmos os elementos da realidade racionalmente, esquecemo-nos da noção de ambivalência. "As consequências da ação se tornam imprevisíveis, enquanto o acaso, de que supostamente nos livramos com o esforço estruturador, parece empreender um retorno indesejado" (Bauman, 1999, p. 10).

Dessa forma, Bauman afirma que podemos dizer que a existência é moderna na medida em que se bifurca em ordem e caos.

A existência moderna assim compreendida e vivenciada é preenchida por uma sensação de desordem quando percebe a ambivalência e o aspecto falho da linguagem e do saber científico classificatório – como vamos apresentar e discutir de diferentes maneiras pelas interpretações dos autores abordados neste livro. No final das contas, a existência moderna ancora-se no fato de poder projetar a si mesma, e tudo aquilo que não projeta a si é barbárie, o selvagem, o incontrolável estado de natureza hobbesiano; coisas das quais a modernidade busca constantemente afastar-se.

> A prática tipicamente moderna, a substância da política moderna, do intelecto moderno, da vida moderna, é o esforço para exterminar a ambivalência: um esforço para definir com precisão — e suprimir ou eliminar tudo que não poderia ser ou não fosse precisamente definido. A prática moderna não visa à conquista de terras estrangeiras [...]. A intolerância é, portanto, a inclinação natural da prática moderna. A construção da ordem coloca os limites à incorporação e à admissão. Ela exige a negação dos direitos e das razões de tudo que não pode ser assimilado — a deslegitimação do outro. Na medida em que a ânsia de pôr termo à ambivalência comanda a ação coletiva e individual, o que resultará é intolerância — mesmo que se esconda, com vergonha, sob a máscara da tolerância (o que muitas vezes significa: você é abominável, mas eu sou generoso e o deixarei viver). (Bauman, 1999, p. 15-16)

Voltemos ao *Coração das trevas*, de Joseph Conrad, mencionado na seção "Introdução". A ambivalência que estrutura o pensamento e ordena a vida se contrapõe a tudo aquilo que não opera sob essa ordem cartesiana. Kurtz (a personagem do livro de Conrad) também reprime o negro africano, pois desconhece seus costumes e suas práticas de socialização, não identifica seu Deus cristão nas práticas rituais daquele lugar inóspito e agressivo. Para os ocidentais, eles careciam mesmo de humanidade, civilização e direção para suas vidas de trevas e desgraça. A racionalidade europeia, em seu afã colonizador/catequizador, aniquilou as diferentes cosmologias, porque não via nelas possibilidade de racionalização e de controle ordenado de suas existências. Essas formas de vida precisavam desaparecer, e desapareceram.

Por isso, explica Bauman (1999, p. 18-19),

> No tempo linear da modernidade, só o ponto de partida é fixado: e é o movimento irrefreável desse ponto que arruma a existência insatisfeita dentro de uma linha de tempo histórico. O que aponta uma direção para essa linha não é a antecipação de uma nova alegria, mas a certeza dos horrores passados — o sofrimento de ontem não a felicidade de amanhã. Quanto ao dia de hoje... vira passado antes que o sol se ponha. O tempo linear da modernidade estica-se entre o passado que não pode durar e o futuro que não pode ser. Não há lugar para o meio-termo. À medida que flui, o tempo se achata num mar de miséria, de modo que o ponteiro pode flutuar.

No texto apresentado, Bauman realiza uma análise crítica centrada na história do desenvolvimento da humanidade e afirma que, certa de sua salvação por meio do conhecimento científico, com base neste, a visão de separação do mundo de forma dicotômica (ambivalente) perdeu os rumos de sua história. O período moderno é uma fase da humanidade, como veremos com Fredric Jameson e Jean Baudrillard, que perdeu seu referencial histórico porque seu pano de fundo se estabeleceu com base em um passado não real.

Em uma relação rural/urbano, a burguesia emergente que experenciou o processo civilizador nas cidades durante os séculos XVIII e XIX desconheceu o "moinho satânico" (Bauman, 1998; Polanyi, 2000) empreendido nas zonas rurais e nas vilas industriais. Esse desconhecimento marca uma ausência epistemológica naquelas sociedades — dois séculos depois, tais sociedades se mostram como reprodução da modernidade clássica, mas com invenções estéticas (simulações, simulacros, pastiche) sem referente. Desenvolveremos melhor esse ponto nos próximos capítulos.

[1.3]
Pós-modernidade fluída: economia, globalização e migrações

A Bauman, já é sabido, devemos o conceito de *modernidade líquida*. Para o autor polonês, a liquidez representa como as relações sociais vão se adaptando e ajustando as situações e contingências da vida cotidiana. Por isso, sua obra, assim como a de Anthony Giddens, recebem análises que saltam de uma sociologia pensada na sociedade e se instala em um nível do *self* do indivíduo (Giddens, 2002, 2009), muito embora ambos os autores façam análises estruturais da ação humana.

Essas transformações mudam essencialmente dois aspectos das sociedades pós-modernas em relação às sociedades modernas. Alteram-se as noções de valor e de liberdade, o que é muito importante para compreender Bauman e os outros autores deste livro. Para Bauman (1998, 2001, 2011), esses dois aspectos sofrem processos de mutação desde um fortalecimento do sistema capitalista e da influência opressora das corporações nas sociedades, também devido ao frenético avanço tecnológico e às migrações e aos refúgios.

A presença do poder massivo das corporações no mundo capitalista é um fator de extremo isolamento da existência pós-moderna. As corporações assumem cada vez mais lugares que antes pertenciam aos Estados e têm cada vez mais poder para alterar leis e incidir na economia dos países. Como sofrem das variações constantes do mercado financeiro global, são muito instáveis e já não fornecem segurança e estabilidade aos trabalhadores. As empresas determinam os passos do jogo econômico e os câmbios de controle de poder nas sociedades ocidentalizadas.

> Isto é, usando todo o poder regulador à disposição do governo a serviço da desregulação, do desmantelamento e destruição das leis e estatutos "restritivos às empresas" de modo a dar credibilidade e poder de persuasão à promessa do governo de que seus poderes reguladores não serão utilizados para restringir as liberdades do capital; evitando qualquer movimento que possa dar a impressão de que o território politicamente administrado pelo governo é pouco hospitaleiro com os usos, expectativas e todas as realizações futuras do capital que pensa e age globalmente, ou menos hospitaleiro que as terras administradas pelos vizinhos mais próximos. Na prática, isso significa baixos impostos, menos regras e, acima de tudo, um "mercado de trabalho flexível". Em termos mais gerais, significa uma população dócil, incapaz ou não desejosa de

oferecer resistência organizada a qualquer decisão que o capital venha a tomar. (Bauman, 2001, p. 172)

Podemos acompanhar atualmente como a abertura de territórios cada vez mais amplos dos Estados às empresas, sob a justificativa de geração de empregos e aumento de renda *per capita*, e da economia nacional provoca uma série de transformações profundas nas relações dentro de territórios, aumentando a competitividade, o alheamento, a desconfiança e as depressões. Já não podemos garantir por quanto tempo continuaremos empregados. Essa constante ameaça não recai somente sobre os indivíduos, senão sobre os governos, e sabe ser utilizada pelas corporações, que vão pressionando com cada vez mais intensidade a flexibilização de leis trabalhistas. Esse fenômeno é interessante e complexo e não o analisaremos aqui, mas a cultura do consumo e do objeto como símbolo é tão consolidada que não raro vemos governos defendendo a perda de direitos de trabalhadores e trabalhadores defendendo as propostas de precarização do trabalho sugeridas pelas empresas.

A tecnologia é outro fator de transformação de vidas para Bauman. Veremos, com Jean-François Lyotard (2009), que ela foi um dos principais fatores que determinaram o surgimento da cultura pós-moderna e que, também para Bauman, é um dos principais motivos para as transformações nas interações social e ontológica dos indivíduos.

> Afinal, a maior conquista das tecnologias de comunicação não foi simplificar a prática complexa da coabitação humana, mas comprimi-la numa cômoda camada fina e rasa – ao contrário do original,

abrigado em múltiplas camadas grossas e densas –, graças à sua capacidade de ser manejada sem esforço e sem problemas. O efeito colateral da eliminação da "comunicação propriamente dita, a verdadeira" (como Saramago preferiu chamar a versão original, não comprimida) da pauta de tarefas urgentes, aquelas que não se deve deixar de lado, é outra das habilidades – que definham, esmaecem e desaparecem – que a "comunicação verdadeira" exige.

O resultado final de tudo isso é que os desafios da comunicação "de mim para ti, de nós para eles" parecem ainda mais desencorajadores e confusos; e a arte de lidar com eles parece ainda mais nebulosa e difícil de dominar do que na fase anterior, antes que começasse essa "grande revolução na conectividade humana" (como foram batizadas a invenção e as trincheiras dos telefones celulares). (Bauman, 2011, p. 57)

Bauman (2011) menciona com perplexidade essas transformações e o isolamento causado pelos equipamentos eletrônicos. O mundo líquido resgata as marcas e cicatrizes ainda abertas deixadas pelo mundo sólido. A tecnologia nos livra de situações incômodas da vida *off-line*, lançando-nos no confortável mundo de relações estabelecidas por uma tela, durante o tempo que se deseje, bastando clicar em um botão para encerrá-la (Bauman, 2011). Essa possibilidade, aliada à sensação de merecimento de felicidade aqui e agora, nos impele a não permanecer em uma relação, seja comercial, seja afetiva, ao mínimo sinal de desagrado.

Isso nos leva a uma discussão sobre realidade e referente que nos acompanhará durante todo o livro, ou seja, a questão de quão real é a vida que reproduzimos no mundo da vida, *off-line* ou *on-line*. Não podemos falar que a vida *on-line* não é real, mas quais são os referentes existentes por trás dela? Eles são reais? A vida nas redes sociais, por exemplo, fornece uma sensação de realidade somente quando as pessoas são "vistas" e recebem interação virtualmente, aprovando ou desaprovando. Disso depreendemos que a resposta virtual a uma presença virtual é um sinal de que estamos vivos e presentes no mundo.

Os deslocamentos de pessoas são como os outros elementos, um resultado e uma resultante desse isolamento e das transformações das relações de trabalho no mundo líquido. Corporações que determinam as mudanças políticas e legislativas dos Estados lançam cada vez mais pessoas ao desamparo econômico, o que pode ser um produtor de inúmeras violências entre seus concidadãos. Sob essa política agressiva e que define a vida dos indivíduos, e as constantes ameaças que emergem daí, cria-se o cenário ideal para o sentimento de frustração ante um presente que não está cumprindo a merecida satisfação (Bauman, 2011).

Algumas regiões do mundo, normalmente aquelas que foram responsáveis pelo extermínio e saqueio de outras regiões, bradam com orgulho a felicidade e a prosperidade disponível em seus limites geográficos. Nesse sentido, Bauman (2011, p. 194) afirma:

> A terceira onda de migração moderna, que está em pleno vigor e se acelera, levou à era das diásporas: arquipélagos de assentamentos de base étnica, religiosa e linguística entrelaçando o mundo – alheios às trilhas incendiadas e pavimentadas pelo colonialismo imperialista e seguindo, ao contrário, a lógica globalizante da redistribuição planetária dos recursos de sobrevivência.

Os arquipélagos tendem a se espalhar e disseminar. Cada qual se estende por muitos territórios separados e apenas formalmente soberanos, ignorando as pretensões territoriais locais e os compromissos com a superioridade e a supremacia; a consequência é que ficam encerrados no duplo (ou múltiplo) vínculo de "dupla (ou múltipla) nacionalidade" e dupla (ou múltipla) lealdade.

É um contrassenso sem tamanho representado pela liberdade de acessar territórios de acordo com as distribuições de poder. Aqueles mesmos territórios que se formaram e se desenvolveram com a eliminação de cosmologias, a produção de mortes e colonizações dos espíritos não permitem o acesso ao seu território, proibição justificada sob critérios econômicos, de cor da pele, de origem etc. Isso nos remeteria à reflexão de Benedict Anderson (2008) acerca da invenção das nacionalidades e de todo o potencial colonizador que segue emergindo desde que essas diferenças apareceram no mundo líquido. Esses elementos, discutidos por Bauman (2001, 2011), nos levam a considerar a ocidentalização restrita à modernidade, quando mais uma vez povos oprimidos seguem os rastros estéticos e éticos de um Ocidente cada vez mais perverso em suas práticas no mundo.

Síntese

Neste capítulo, em que tratamos das ideias de Zygmunt Bauman, vimos que a contemporaneidade apresenta, na estrutura de suas relações, uma certa modernidade líquida, ou seja, códigos e interações mais fluidos em relação à solidez da modernidade clássica.

Segundo Bauman, as mudanças impostas pelo capitalismo (o controle e poder das corporações, o avanço da tecnologia e as migrações) produziram uma transformação nas liberdades e na concepção de valores das sociedades pós-Segunda Guerra Mundial.

Indicações culturais

A FLOR do meu segredo. Direção: Pedro Almodóvar. Espanha/ França: CiBy 2000, 1995. 102 min.

Esse filme provoca os sentidos pela essencialização do conhecimento científico moderno ao mesmo tempo que mostra uma fruição de desejo irracional do protagonista, provocado pela morte de sua filha.

BICHO de sete cabeças. Direção: Laís Bodanzky. Brasil: Columbia Pictures do Brasil, 2001. 74 min.

Baseado em fatos reais, nesse filme podemos perceber como a modernidade opera por meio de dualismos, com um tipo ideal de normalidade, que produz rotinas aceitas e tudo aquilo que escapa da condição produzida e estabelecida. Podemos ver formas de sociabilidade distintas desse padrão e como uma "pretensa normalidade" atua nessas circunstâncias.

Atividades de autoavaliação

1] Em relação a que Bauman constrói seu conceito de *modernidade líquida*?

a) Ao capitalismo.

b) À Revolução Industrial.

c) Ao conflito da alta modernidade.

d) À modernidade.

e) À contemporaneidade.

2] Quais são as duas noções que possibilitaram a modernidade?
   a) Economia e epistemologia.
   b) Razão e desrazão.
   c) Poder e classe social.
   d) Ciência e tecnologia.
   e) Cristianismo e produtividade.

3] Qual é o tempo que Bauman afirma que a pós-modernidade cultua?
   a) Tempos históricos.
   b) Passado histórico.
   c) Presente, aqui e agora.
   d) Futuro como a modernidade.
   e) Alta Idade Média.

4] Que período(s) histórico(s) deu(deram) início à pós-modernidade?
   a) Renascimento e Iluminismo.
   b) Fim da modernidade e pós-Segunda Grande Guerra.
   c) Idade de Ouro e Antiguidade Clássica.
   d) Idealismo e materialismo histórico.
   e) Naturalismo.

5] O conceito de ambivalência de Bauman implica:
   a) dualismo e caos.
   b) ordem e progresso.
   c) classificação e ordenação.
   d) estrutura fixa da linguagem.
   e) modernismo.

Atividades de aprendizagem

Questões para reflexão

1] Com base nos conceitos de *modernidade líquida* e *modernidade sólida*, de Bauman, como você percebe as relações em que está inserido? Você nota a presença das características apresentadas pelo autor em seu entorno ou suas relações são de longa duração e de contato *off-line*?

2] Realize (na medida do possível) a tarefa de se ausentar das redes sociais em que está inserido. Procure compreender a relação que se estabelece na contemporaneidade acerca de somente sentir-se presente por meio de relações virtuais.

Atividade aplicada: prática

1] Com base neste capítulo, elabore um questionário geracional. Com ele, poderemos compreender no que se afasta ou se aproxima o contrato social da sociedade contemporânea em diferentes períodos.

Depois, entreviste duas pessoas de sua família ou comunidade: uma mais jovem, que se iniciou no mercado de trabalho, e alguém que já se aposentou ou está próximo a isso. Pergunte sobre aspectos ligados à temporalidade e à intensidade das interações e das relações no trabalho, na família, na comunidade.

Desse modo, poderemos entender a que se referia Bauman quando elaborou o conceito de *modernidade líquida*.

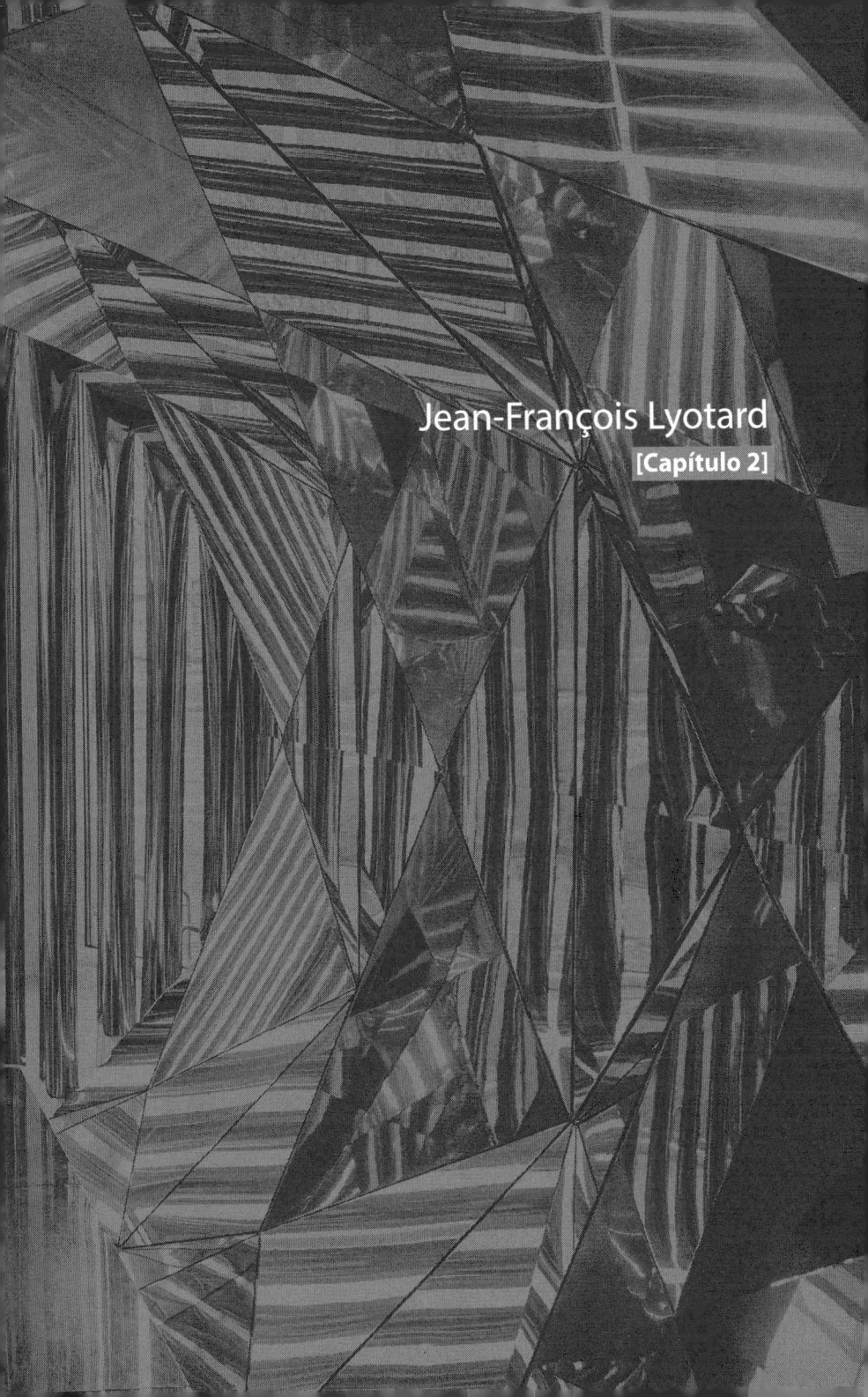

Jean-François Lyotard
[Capítulo 2]

O francês Jean-François Lyotard nasceu em agosto de 1924 e faleceu em 1998, em Paris. Atribui-se a ele a definição do termo *pós-moderno*. A leitura que Lyotard realiza acerca das transformações culturais dos séculos XIX e XX é precisa quanto à estrutura da linguagem, à perda de valor da ciência e à incorporação desta pelo mercado. O autor identifica, na alta modernidade, a necessidade de um grande desenvolvimento das técnicas, o que estabelece outra relação entre conhecimento e mercado, que ele define como *performance*.

[2.1]
Introdução

> O pós-moderno enquanto condição da cultura nesta era, caracteriza-se exatamente pela incredulidade perante o metadiscurso filosófico-metafísico, com suas pretensões atemporais e universalizantes. O cenário pós-moderno é essencialmente cibernético-informativo e informacional. (Lyotard, 2009, p. 8)

Sem sombra de dúvidas, Lyotard é o nome da pós-modernidade; até arriscaríamos dizer que é o pai dela – se é que alguém pode ser pai da identificação de uma estrutura histórica ou corrente epistemológica. Por essa mesma razão é que escolhemos seguir a apresentação de autores por Lyotard; aqui vamos encontrar elementos básicos que estão por trás da obra de Bauman, mas que são reformulados pelo estudioso francês.

Uma das questões que surgem como fundo da pós-modernidade é o tempo; tudo é muito rápido, fluido, breve, demanda compreensão urgente para problemas urgentes, que logo serão outros. "Andar depressa, é esquecer depressa", adverte-nos Lyotard (1997, p. 10). Tentaremos andar depressa, pois os problemas levantados pelo filósofo nos enredariam em uma armadilha do conhecimento. Logo ficará evidente para quem lê; escolhemos o caminho do meio, flertando com algumas questões essenciais, mas sem lhes dar o devido contorno que a essencialidade exige.

Para quem se aproxima das teorias de Lyotard, é importante saber que é um autor complexo e que busca refletir algumas questões que a filosofia deixou em aberto; dessa maneira, procura criar uma filosofia universal. Especificamente na questão temporal que nos interessa nesta obra, e que lhe é cara, o autor assinala que "nem a modernidade nem a dita pós-modernidade podem ser identificadas e definidas como entidades históricas claramente circunscritas" (Lyotard, 1997, p. 34). Isso fica evidenciado nas linhas que se seguem. Fundamentados nos autores que colocamos em diálogo, ora tratamos da modernidade como um ente que paira do século XV ao XX; em outros momentos, a pós-modernidade, que historicamente tem seu nascimento depois da Segunda Guerra, aparece nas discussões como um resultado dos processos socioeconômicos do final do século XIX.

Para que quem nos lê tenha uma noção geral do pensamento do autor a respeito das transformações ocorridas na história do pensamento, que culminaram nisso que Lyotard chamou de *pós-modernidade* (e nos converteu em inumanos), estruturamos esta parte do livro na sua obra mais referenciada, *A condição pós-moderna*, de 1979, em um diálogo com comentadores e com outras obras do mesmo autor. É importante assinalarmos duas coisas: não é nosso interesse fazer uma revisão e uma discussão conceitual da obra, tampouco sermos exaustivos nas proposições realizadas por Lyotard porque as discussões que giram em torno das questões centrais do seu argumento fogem ao escopo deste trabalho.

De alguma maneira, a questão disparadora de Lyotard se centra na intenção de compreender o lugar do saber na sociedade contemporânea e reflete sobre essa ruptura de paradigma que vem sendo chamada de *pós-modernidade*. Em outros termos, o lugar da razão moderna, positivista, é que está sendo colocado à prova e que se traduz no questionamento do autor francês: sob que bases agora se levantam nossos pensamentos? Essa é a proposição mais ou menos geral de toda corrente filosófica e partilhada pelos autores pós-modernos, tanto pelos que creem em ruptura quanto pelos que creem em processo de continuidade da modernidade, e ainda por aqueles que tratam disso de maneira a remarcar a mudança nos processos ontológicos e de conhecimento sobre mundo e por aqueles que vão além, apontando os mecanismos e as práticas que foram (e estão sendo) incorporadas desde o fim da Segunda Guerra.

Lyotard faz parte de um grupo que estrutura os processos de mudança ao olhar para a história do pensamento e dos sistemas de produção e ao analisar a condição pós-moderna inicialmente – este é o eixo central de sua preocupação – por meio da negação dos metarrelatos ou das grandes narrativas. Para o autor, os grandes relatos são orientações estruturais da maneira como pensamos e, de forma universal, dão as medidas de verdade e de justiça (Lyotard, 2009). A ideia de verdade, que orientou quase a totalidade da tradição do pensamento clássico e moderno, já não é uma questão central uma vez que foi relativizada. Não existe mais unidade, e, sim, multiplicidade e contingência – recordamos que Nietzsche foi o principal representante da negação da busca da verdade no final do século XIX, na reflexão filosófica de que saber o que a verdade é de fato não ajuda a iluminar o mundo tal como aquele em que vivemos.

O mesmo acontece com a ideia de justiça, que, ao longo da história do pensamento, foi estabelecendo as doutrinas e as tradições por meio de certo dualismo moral nas noções de *bem* e *mal*, de *certo* e *errado*, por exemplo. Assim é que estabelecemos as estruturas de relação social e os contratos de convivência em sociedade, o que é permitido ou não e como devem ser dirigidos e manifestados os sentimentos de amor, a exemplo da relação entre pais e filhos. Se simplificarmos ao extremo, poderemos considerar "pós-moderna a incredulidade em relação aos metarrelatos [...]. Ao desuso do dispositivo metanarrativo de legitimação corresponde sobretudo a crise da filosofia metafísica e a da instituição universitária que dela dependia" (Lyotard, 2009, p. 16).

Nesse ponto, é preciso sublinhar uma questão central que percorre toda a obra *A condição pós-moderna* e talvez todo o pano de fundo de pensamento do próprio Lyotard, que é a questão do relato, da narrativa como chave de mudança para a perda de legitimidade da ciência. Essa questão é percebida com diferentes intensidades nos outros autores que nos acompanham neste livro, bem como os que não pudemos trazer para este material.

Trata-se do seguinte: Lyotard (2009) advoga que a ciência tem um tipo de estrutura de pensamento que não se traduz pela palavra escrita; é um jogo de linguagem cognitivo e que apresenta proposições denotativas. E mais: a ciência nega o valor do relato escrito, apesar de fazer uso dele para demonstrar o conhecimento. Em outras palavras, podemos afirmar que a ciência, para ser concebida como tal, exige uma série de mecanismos para que uma proposição seja considerada científica. Ao recorrer ao relato para demonstrar seu processo "científico", ela cumpre o requisito de ser da ciência, mas não pelo saber científico senão pelo saber narrativo, que é outro tipo de saber e faz parte de outro jogo de linguagem. Isso coloca o saber científico em questão.

[2.2]
A tecnologia ganha espaço

Já vimos que as implicações do início da modernidade na vida dos indivíduos, notadamente a incidência mais pesada da transformação que caiu sobre o proletariado, se pensamos com Marx (1984), e na decorrente pauperização do humano, se levarmos em conta a filosofia de Hegel (1991), também foram um rompimento com um pano de fundo epistemológico, ancorado na vida do espírito e em explicações metafísicas sobre o mundo, uma certa desmagicização. Esse desencantamento ou perda de magia é resultado de uma configuração de acontecimento que dá forma a uma multiplicidade de ciências que emergem no final do século XIX para dar conta dos processos humanos de modo complexo. Foucault nos ajuda a compreender o início desse processo e ir ao cerne da questão que nos propõe Lyotard, quando fala sobre a transformação do pensamento que resultou nessa divisão das ciências e na mudança da transmissão do conhecimento:

> Esse acontecimento produziu-se, por sua vez, numa redistribuição geral da epistémê: quando, abandonado o espaço da representação, os seres vivos alojaram-se na profundeza específica da vida, as riquezas no surto progressivo das formas de produção, as palavras no devir das linguagens. Nessas condições, era necessário que o conhecimento do homem surgisse, com seu escopo científico, como contemporâneo e do mesmo veio que a biologia, a economia e a filologia, de tal sorte que nele se viu, muito naturalmente, um dos mais decisivos progressos realizados, na história da cultura europeia, pela racionalidade empírica. (Foucault, 1999, p. 477)

Foucault nos ajuda a compreender esses processos em sua arqueologia do saber. É outra maneira de explicar a questão dos relatos assinalada por Lyotard, aquela relação entre saber denotativo e prescritivo. A isso que estamos chamando de *descentramento*, e que Lyotard denomina *deslegitimação*, Foucault (1999) chama de *finitude*. A mudança da estrutura de pensamento do saber clássico para a epistemologia moderna se deu segundo a própria espacialidade corporal dos indivíduos. O humano, que só se reconhecia finito diante da morte e da metafísica, começa a se reconhecer pela compreensão de um saber que também é finito – pelos limites da biologia, da filologia e da economia. Para Foucault (1999, p. 436), o início da modernidade traz ao humano a "descoberta da finitude não mais no interior do pensamento do infinito, mas no coração mesmo desses conteúdos que são dados, por um saber finito, como as formas concretas da existência finita".

Observemos que é nesse ponto, segundo Foucault, autor de *As palavras e as coisas*, que acontece essa percepção de que a ciência é deslegitimada. Refere-se ao saber-se finito além da compreensão metafísica do fim como humano – novamente, a morte de Deus para Nietzsche –, mas na impossibilidade de alcançar o conhecimento, o todo do saber. Então, ao reconhecer-se finito, o sujeito reconhece também a possibilidade de saber como finita e aí, então, aberta às possibilidades.

> De sorte que o pensamento moderno se contestará nos seus próprios arrojos metafísicos e mostrará que as reflexões sobre a vida, o trabalho e a linguagem, na medida em que valem como analíticas da finitude, manifestam o fim da metafísica: a filosofia da vida denuncia a metafísica como véu da ilusão, a do trabalho a denuncia como pensamento alienado e ideologia, a da linguagem, como episódio cultural. (Foucault, 1999, p. 437)

Na perspectiva dessa transformação da vida social na Europa a partir dos séculos XV e XVI (fim do Período Clássico), Lyotard observa que as narrativas organizadoras do pensamento humano caíram por terra com o desenvolvimento do capitalismo, sobretudo na fase do pós-guerra em meados do século XX, para dar lugar à ideia de *performance*. Se seguirmos as pistas do autor francês, perceberemos que, para ele, a verdade da modernidade positivista já não serve com fins de iluminação racional, senão como maneira de otimizar os ganhos no desenvolvimento das funções materiais da vida social.

É nessa direção de perda de valor da ciência que pouco a pouco ela vai sendo compreendida como uma modalidade entre tantas do jogo social, ou seja, apenas uma forma a mais de guardar e produzir concepções sobre o mundo. O lugar do saber pelo saber, da denotação, da busca exegética pela verdade sofre um deslocamento. Esse movimento de descentramento do saber não tem uma única causa, como nos parece sugerir uma leitura desatenta da crítica de Lyotard, dirigida com força ao capitalismo e ao pós-industrialismo; o autor percebe que o conhecimento se transforma em uma mercadoria a mais. "O saber é e será produzido para ser vendido, e ele é e será produzido para ser valorizado numa nova produção: nos dois casos, para ser trocado" (Lyotard, 2009, p. 4). O espaço da tecnologia ganha força. A era da informação – ou informatização – demandou outras formas de conhecimento e de operacionalidades que a ciência devia produzir. Existiam problemas práticos a serem resolvidos no mundo real, e as divagações epistemológicas (como teoria da ciência) perderam território ou, nas palavras do autor, entraram em um processo de **deslegitimação**. Nas palavras de Lyotard (2009, p. 15):

> Originalmente, a ciência entra em um conflito com os relatos. Do ponto de vista de seus próprios critérios, a maior parte destes últimos revelam-se como fábulas. Mas, na medida em que não se limite a enunciar regularidades úteis e que busque o verdadeiro, deve legitimar suas regras de jogo. Assim, exerce sobre seu próprio estatuto um discurso de legitimação chamado filosofia. Quando

este metadiscurso recorre explicitamente a algum grande relato, como a dialética do espírito, a hermenêutica do sentido, a emancipação do sujeito racional ou trabalhador, o desenvolvimento da riqueza, decide-se chamar "moderna" a ciência que a isto se refere para se legitimar do autor.

Chegado a esse ponto, de anunciar o fim da **Ciência** como conhecimento universal total, deixa de fazer sentido pensar em um sistema de pensamento organizado pelo estruturalismo ou a teoria dos sistemas segundo Lyotard, porque a **ciência** (agora com *c* minúsculo) passa a ser apenas mais um jogo de linguagem entre tantos, um discurso.

> Mesmo quando suas regras mudam e inovações se produzem, mesmo quando suas disfunções como as greves, e as crises, o desemprego ou as revoluções políticas podem fazer acreditar numa alternativa e levantar esperanças, não se trata senão de rearranjos internos e seu resultado só pode ser a melhoria da "vida" do sistema, sendo a entropia a única alternativa a este aperfeiçoamento das *performances*, isto é, o declínio. (Lyotard, 2009, p. 21)

Então, a exigência do desempenho como jogo de linguagem ganha espaço na Europa pós-industrial. Mencionamos que a história perde o sentido teleológico, ou seja, um sentido voltado para um objetivo, e, nesses termos de produção e desempenho – *performance* –, as teorias marxianas sobre o materialismo dialético se dissolvem ante a capacidade de oferta e demanda do mundo do trabalho (Lyotard, 2002). Já não se pensa em futuro emancipatório, mas em alto desempenho no presente. É dizer:

> A descrença na ciência e as dúvidas acerca de muitos aspectos relacionados à modernidade proporcionaram, assim, um terreno fértil para a reflexão antimoderna e para a emergência da visão de mundo pós-moderna. A metade do século XX, com suas novas formas de cognição e de tecnologia, é também comumente associada à gênese da pós-modernidade. (Shinn, 2008, p. 50)

Para Lyotard, um fato que merece atenção é a relação entre informação e poder. Segundo o autor, a valorização do saber tecnológico, resultado da necessidade prática (o que estamos chamando de *câmbio epistemológico*), pode ser uma nova forma de reprodução das diferenças entre os Estados-nações. Além disso, a questão de controle de saber tecnológico em tempos de abertura de empresas multinacionais foge à jurisdição da regulação, afinal, "quem decide o que é saber, e quem sabe o que convém decidir? O problema do saber na idade da informática é mais que nunca o problema do governo" (Lyotard, 2009, p. 14).

O resultado disso, de acordo com Lyotard, é a transformação das decisões políticas, que se destradicionaliza, às quais são incorporados novos agentes no processo de decisão. "Ela já não é mais constituída pela classe política tradicional, mas por uma camada formada por dirigentes de grandes órgãos profissionais, sindicais, políticos, confessionais" (Lyotard, 2009, p. 27). Nesse ponto, acontece também um fenômeno de perda dos ídolos e se torna cada vez mais rara a escolha ou a referência de um herói nacional, uma nova postura filosófica em face dos jogos do mundo, dos quais nasce a tragédia (Nietzsche, 2005) e emerge uma espécie de crepúsculo dos ídolos (Nietzsche, 1985), no qual o referente é o indivíduo e o *nós* do social perde sentido.

> Estas histórias populares contam o que se pode chamar de formações (*bildungen*) positivas ou negativas, isto é, os sucessos ou os fracassos que coroam as tentativas dos heróis; e estes sucessos ou fracassos ou dão sua legitimidade às instituições da sociedade (função dos mitos), ou representam modelos positivos ou negativos (heróis felizes ou infelizes) de integração às instituições estabelecidas (lendas, contos). Estes relatos permitem então, por um lado, definir os critérios de competência que são os da sociedade nas quais eles são contados, e, por outro lado, avaliar, graças a estes critérios, as *performances* que aí se realizam, ou podem se realizar. (Lyotard, 2009, p. 37-38)

Percebemos a presença da crise da ciência, que se revela em sua posição paradoxal ao utilizar a mesma estrutura de relatos de contos e lendas para divulgar as suas práticas, adotando o mesmo modelo de apresentação de uma prática da qual tenta se distanciar. É nesse ponto que se estabelece, para Lyotard, a noção de *performance* em que estamos imersos como condição epistemológica e ontológica, o **plano de imanência**, de Deleuze e Guattari (2010). Perde-se a fé pública na ciência; a realidade já não é um objetivo assim como a história perde seu sentido teleológico. A pós-modernidade é a realização fluida do aqui e agora, na qual os conceitos que antes orientavam nossa conduta – verdade e justiça – perdem o *status* universal e caem no terreno do relativismo ou, melhor, passam ao "controle" de uma nova classe emergente que pretende falar democraticamente pelo povo.

[2.3]
Dos relatos à paralogia

Os relatos que antes serviram como legitimação da verdade da ciência e, logo, estabeleceram sua autoridade universal são percebidos como relatos por um grupo específico – o dos cientistas. É como se algo muito especial fosse iluminado: os cientistas provam para eles mesmos. Assim, isolamos a ciência como uma entre outras formas de linguagem e de tradução do mundo. Destituídos a ciência e o poder tradicional com o início da modernidade, surge o novo herói, o novo sujeito sociopolítico: "o povo".

> O povo está em debate consigo mesmo sobre o que é justo e injusto, da mesma maneira que a comunidade dos cientistas sobre o que é verdadeiro e falso; o povo acumula as leis civis, como os cientistas acumulam as leis científicas; o povo aperfeiçoa as regras do seu consenso por disposições constitucionais, como os cientistas revisam à luz dos seus conhecimentos produzindo novos "paradigmas". (Lyotard, 2009, p. 55)

Nesse ponto, temos uma questão interessante que parece ser apontada também em Foucault (1999). O processo de descrença do saber resulta numa ressignificação instrumental do conhecimento fundamentado no poder, ou seja, na classe dominante emergente da modernidade, que detém os meios e o controle do trabalho (uma das três áreas de conhecimento: economia). Então, os jogos de linguagem são utilizados de modo propositivo pelo grupo dominante (ideologia), atuando como chave de desapropriação de vida dos sujeitos (alienação). Nesse sentido, Lyotard (2009, p. 56) observa que "o Estado pode despender muito para que a ciência possa figurar como uma epopeia: através dela ele ganha credibilidade, cria o assentimento público de que seus próprios decisores têm necessidade".

Concordamos muito com o autor de *A condição pós-moderna* quanto à causalidade. Buscar a causalidade de um processo de transformação é um tanto quanto desapontador, porque, no mais das vezes, não é possível determinarmos uma causa específica; em geral, as mudanças se dão por configurações, por teia de acontecimentos isolados e não planejados, como afirma Elias (1994). Portanto, sem pretensão de objetividade (o que deixaremos para os trabalhos de fundo arqueológico), podemos levantar algumas pistas de acordo com o que vimos até o momento.

Uma mudança importante ocorreu nesse período em razão das transformações em curso na acepção e na produção dos saberes. Internalizada a noção de finitude do humano, que é parte essencial da descrença no racionalismo moderno (o saber pelo saber), com o conhecimento sendo instrumentalizado democraticamente pelo "povo" (ideologia e alienação) e um momento de alta produção industrial na Europa (avanço das técnicas), um fenômeno novo se desenvolveu nos processos de conhecimento. Surgiram demandas para resolução de problemas práticos da vida social. Foi nesse período que se formaram as primeiras universidades e em que se disputava o que seria ensinado. Já nessa época existia uma tensão entre espírito especulativo, de um lado, e pragmatismo (prática ética, social e política), de outro. Iniciou-se um processo de erosão das fronteiras disciplinares (Lyon, 1998; Lyotard, 2009).

Apoiado numa discussão filosófica da linguagem, o autor francês propõe pensar que o espírito especulativo, aquele que produz o saber pelo saber, gera um conhecimento denotativo por excelência; já vimos que não resolve os problemas práticos e que não diz respeito à totalidade do saber, pois se relaciona com a finitude do humano. O saber pragmático, dos cientistas em vez dos sábios, atua sob uma linguagem prescritiva, que busca dar conta efetivamente dos problemas. A grande ressalva é que esse conhecimento é controlado verticalmente. Se a ciência passa a ser reconhecida por seus limites e, portanto, como uma entre tantas linguagens, o conhecimento não foi descartado.

> O problema é então exposto: os aparelhos que otimizam as *performances* do corpo humano visando administrar a prova exigem um suplemento de despesa. Portanto, nada de prova e de verificação de enunciados, e nada de verdade, sem dinheiro. Os jogos de linguagem científica vão tornar-se jogos de ricos, onde os mais ricos têm mais chances de ter razão. Traça-se uma equação entre riqueza, eficiência, verdade. (Lyotard, 2009, p. 81)

A ressignificação do conhecimento ou de sua instrumentalização já foi amplamente discutida nas ciências sociais, e em alguma medida é disso que se trata a reflexão de Lyotard (2009). Entretanto, existe uma percepção mais acurada do aspecto da representação e da inseparabilidade dos aspectos políticos da ciência. É política a decisão entre espírito especulativo e pragmatismo nas universidades, assim como eram políticas as posturas científicas na epistemologia clássica, e ainda mais quando da decisão das disciplinas e da mescla de conhecimento necessária para produzir profissionais capazes no desenvolvimento tecnológico (Latour, 1994). Isso porque o resultado da produção é transferido para os laboratórios de pesquisa, para mais desenvolvimento tecnológico. Nesse ponto, existe uma recursividade da riqueza entre Estados-nações e pesquisa científica – e ainda hoje não é assim. Como afirma Mignolo (2015), a recursividade entre essas esferas é a marca distintiva da modernidade ocidental. Lyotard (2009, p. 83) alerta que, "no discurso dos financiadores de hoje, a única disputa confiável é o poder. Não se compram cientistas, técnicos e aparelhos para saber a verdade, mas para aumentar o poder".

Segundo a noção de recursividade e instrumentalização do saber pelas classes dominantes, Lyotard se debruça sobre os efeitos dessa transformação no continente europeu no período pós-industrial, mais precisamente depois da Segunda Guerra Mundial, por volta de 1950. Para o estudioso francês, se antes tínhamos uma tradição de transmissão de conhecimento cumulativo, na qual o banco de dados era baseado na reflexão especulativa, com o deslocamento do saber do progresso capitalista e o aumento das necessidades tecnológicas, a "enciclopédia de amanhã são os bancos de dados. Eles excedem a capacidade de cada usuário. Eles são a 'natureza' para o homem pós-moderno" (Lyotard, 2009, p. 93).

Para tentar escapar propositivamente a essa transformação do saber na sociedade pós-industrial, Lyotard (2009) arrisca uma solução a essa falta de legitimidade, pois não aceita que a ciência seja absolutamente "tragada" pelo sistema capitalista de produção. O autor então faz um lance no jogo da linguagem científica.

Contrapõe-se à teoria dos sistemas de Luhmann (1995), que enxerga a sociedade como um grande sistema composto por camadas de sistemas menores, que tende a um funcionamento desordenado e que ainda assim sugere alguma "regulação". Opõe-se àquilo que formula Habermas (2012) sobre a ação comunicativa, segundo a qual a sociedade encontraria o equilíbrio por meio do consenso dialógico.

Nesse sentido, Lyotard (2009) afirma que a sociedade não se organiza em razão das diferenças no campo do poder. Tampouco pode um conhecimento de saber denotativo ser utilizado instrumentalmente como saber prescritivo para se obter uma *performance*. Para o filósofo francês, são linguagens e produções diferentes que não podem ser cooptadas uma por outra ou mesmo aniquiladas entre si. Desse modo, o autor propõe o que chamou de *paralogia*, que pode ser definida como *imaginação dos saberes* (Lyotard, 2009, p. 116). Nesse movimento, a paralogia prevê o encontro entre essas duas áreas do corpo social e promove uma síntese (no sentido do materialismo dialético) que se abre para novas descobertas no campo científico que serão produzidas por meio do dissenso. Nas palavras de Pagni (2006, p. 574),

> a pesquisa da instabilidade reconheceria o caráter indeterminado também da ciência, elucidando seu aspecto não assertivo, movido por aquilo que a linguagem não consegue apreender pelo conceito. Se as metanarrativas seriam inviáveis para a legitimação desse saber, sob a condição pós-moderna, restaria, então, o "pequeno relato" como forma de expressão da "invenção imaginativa": produtora de lances capazes de modificar as regras em/do jogo e o

assentimento estabelecido por uma comunidade, em torno de enunciados consensualmente estabelecidos como válidos, produzindo assim o dissenso, ao invés do consenso, e reativando o consequente fluxo das descobertas.

No entanto, esse Lyotard que nos surge propositivo em sua paralogia e nos faz parecer que a proposição integra a tarefa a que se impôs, como analista de um novo período, não converge com o Lyotard filósofo, que reflete sobre seu tempo. O autor nos coloca diante de uma compreensão da pós-modernidade interessante em sua obra *O inumano*, de 1997. Nela, aborda a condição de outra perspectiva. Segundo o autor, "a pós-modernidade não é uma era nova. É a reescrita de alguns traços reivindicados pela modernidade, e antes de mais da sua pretensão em fundar sua legitimidade no projeto de emancipação de toda a humanidade com a ciência e a técnica" (Lyotard, 1997, p. 42).

Evidentemente, essa afirmação não descarta tudo o que vimos até o momento. Já sabemos que, *post factum*, tudo se explica. No entanto, Lyotard é, sem dúvida, um homem da sua época, e as transformações, apesar de não serem descoladas no tempo e de seus processos não poderem ser reescritos desde o ponto zero, da pós-modernidade marcam um sistema de pensamento que, do modo como vemos, fornece as condições para a possibilidade de algumas correntes epistemológicas, como o pós-estruturalismo e o pós-colonialismo, além de todas as teorias da natureza, da cultura, das etnias e dos gêneros que estão contidas nelas.

Síntese

Neste capítulo, Jean-François Lyotard nos apresentou o conceito de *pós-modernidade*. Para o autor francês, a pós-modernidade é uma cultura que se estrutura como desdobramento da modernidade no capitalismo tardio. A deslegitimação da ciência e o aumento da técnica são impulsores dessa corrente, que valoriza *performances*, mesmo no mundo acadêmico.

Indicações culturais

PULP Fiction: tempo de violência. Direção: Quentin Tarantino. EUA: Miramax Films, 1994. 154 min.
O filme de Tarantino pode ser considerado como pós-moderno por sua montagem e apresentação capitular desconexa, na qual as cenas são recursivas e apresentadas em partes. Também podemos observar as transformações das relações e um questionamento da ideia de saber ante a prática da violência e do abuso de drogas.

RELATOS selvagens. Direção: Damián Szifron. Argentina/Espanha: Warner Bros., 2014. 122 min.
Esse filme também apresenta a montagem em capítulos ou quadros que não se comunicam com outros, exceto pela ideia de fundo, que remete ao estado de natureza do ser humano. Ajuda a pensar a história e a permeabilidade das coisas e dos objetos que vão reestruturando nossa vida.

Atividades de autoavaliação

1] Qual é a questão central para Lyotard diante das transformações da modernidade?

a) A mudança da rotina.
b) A presença de fichas simbólicas.
c) A deslegitimação do saber.
d) O câmbio do *habitus*.
e) O surgimento do inumano.

2] Por que Lyotard se refere ao conceito de *performance*?
a) Porque as publicações científicas ganham mais espaço.
b) Porque todo o sistema cultural foi absorvido pelo mercado.
c) Porque a classe operária deveria, pela dialética, conquistar os meios de produção.
d) Porque os materiais tecnológicos estão cada vez mais avançados.
e) Porque tudo está mais rápido.

3] O que significa afirmar que a modernidade entra em crise com a ideia de relatos?
a) As narrativas perdem sentido e se legitimam por meio de *performances* tecnológicas.
b) As universidades sofrem muitas mudanças e procura por disciplinas variadas.
c) A modernidade perde seu sentido argumentativo na história do conhecimento.
d) As formulações científicas se utilizam de uma linguagem que não lhes pertencia; tiveram que se validar com megarrelatos, como materialismo, humanismo etc.
e) Tornou-se um grande desafio equacionar o tempo das coisas.

4] Como Lyotard identifica o início da pós-modernidade?

a) Pela evolução das comunicações.
b) Pelo sistema estrutural fundamentado na desconstrução da linguagem científica.
c) Pela queda do humanismo e socialismo soviético.
d) Após a Segunda Guerra Mundial, pela demanda por problemas práticos, pelo aumento das tecnologias e pela ideia de *performance*.
e) Quando se percebeu que as relações ficaram líquidas.

5] Como devemos compreender o conceito de *paralogia*?
a) Imaginação dos saberes; conciliação das linguagens para desenvolvimento do pequeno relato por meio do dissenso.
b) Estudo dos diversos campos sociais.
c) Classificação ordenada e propositiva da sociologia da ciência.
d) Sentido aberto para inserção da tecnologia na sociedade.
e) Ramo do conhecimento que estuda a razão das coisas.

Atividades de aprendizagem

Questões para reflexão

1] É possível perceber nas universidades uma referência direta com o mundo corporativo tanto no oferecimento de disciplinas quanto em seus ambientes de trabalho? É possível considerar a universidade como uma corporação?

2] Escreva um relato que compare o lugar dos cientistas nos filmes clássicos com o lugar dos cientistas na sociedade contemporânea.

Atividade aplicada: prática

1] Com base nas formulações de Lyotard, elabore um plano de aula sobre a pós-modernidade. Contemple, nesse plano, explicações sobre as questões de fundo (ciência e filosofia) e como se estrutura o pós-modernismo na vida social contemporânea.

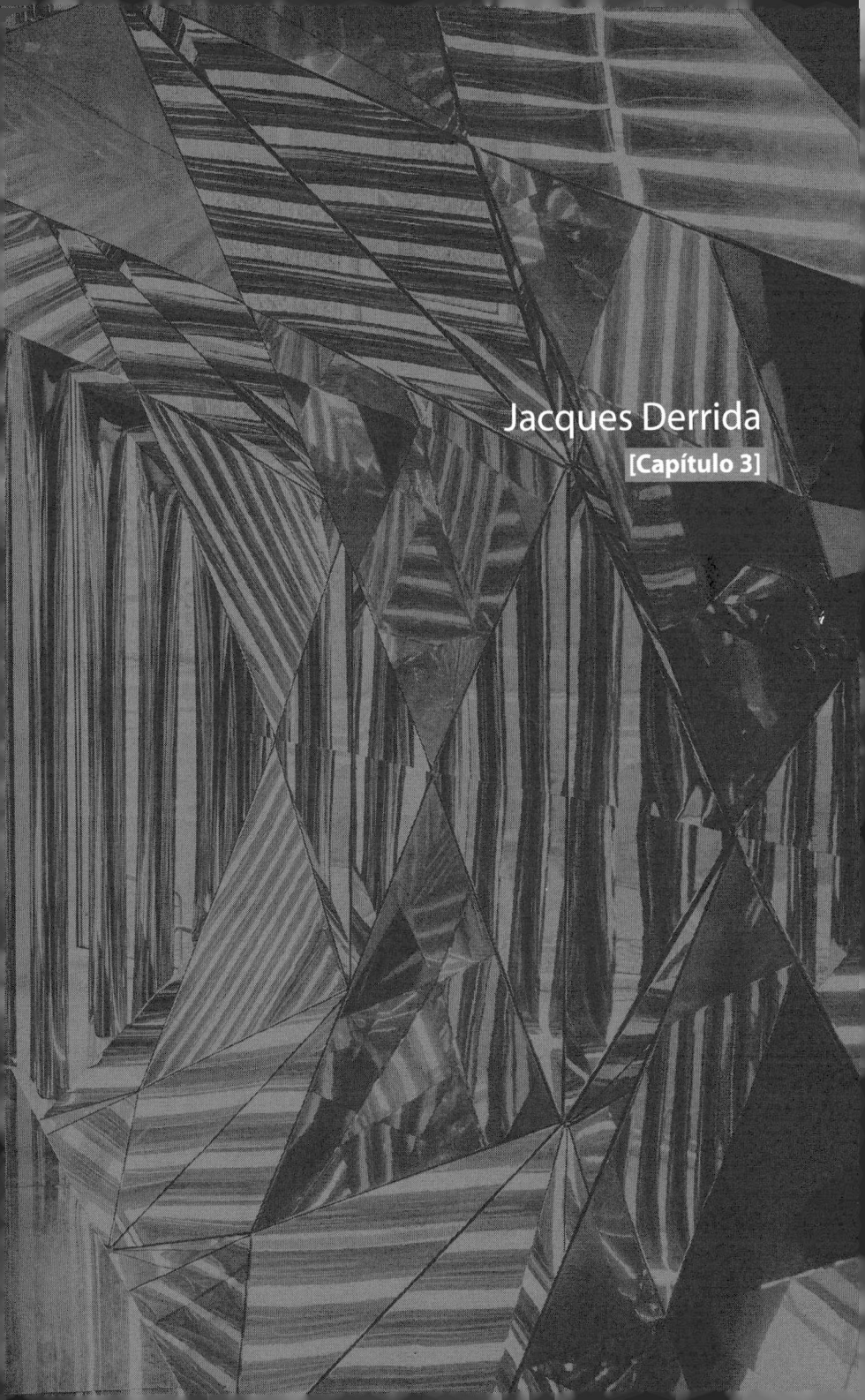

Jacques Derrida
[Capítulo 3]

O filósofo Jacques Derrida (de batismo Jackie* Derrida) nasceu em 15 de julho de 1930, na Argélia, e faleceu em 9 de outubro de 2004, na França. Era filho de uma família judia e, apesar disso, nunca se aproximou da cultura judaica, ao contrário, sofreu desde cedo a influência de uma dupla colonização, francesa e estadunidense. O controvertido filósofo que se formou lendo muita literatura e que quis ser jogador de futebol apoiou a independência da Argélia, mas se alistou voluntariamente ao exército francês durante o processo de independência para dar aulas para soldados argelinos e franceses que serviam à França. Esses elementos confusos se notam nas teorias defendidas pelo autor e revelam a beleza e a força de sua excentricidade.

[3.1]
Introdução

Entendemos a proposta deste livro como uma reunião de autores, perspectivas, epistemologias, conceitos e teorias que podem ser lidos a partir da abertura de qualquer capítulo – e, por que não, de qualquer página. Então, teremos que tratar de alguns assuntos recursivamente em alguns momentos e neste capítulo. Especialmente quem nos acompanha página por página sabe que

---

* *Jackie*, como na grafia inglesa, é o nome de batismo de Derrida, que mais tarde optou pelo afrancesado *Jacques*.

a pós-modernidade, além de um modo específico de relação social, é período gestacional de algumas correntes, como o pós-colonialismo e o pós-estruturalismo, nos quais comumente se localiza Derrida. Também é necessário mencionarmos a presença (e essa palavra tem um sentido muito irônico em se tratando de Heidegger, como será possível compreender neste capítulo) do filósofo alemão Martin Heidegger (1889-1976), que inspirou as noções de desconstrução e *différance*, ao lado de Ferdinand Saussure (1857-1913).

Dito isso, é necessário assinalarmos que Derrida tem uma proposta teórica que é na mesma medida sedutora e desafiadora. Logo, novamente destacamos que não temos a pretensão de esgotar o autor em sua complexidade, tarefa que deixamos para estudiosos da filosofia e da linguística — e mesmo estes nos têm revelado seus limites. Assim, seguiremos a tradição derridiana e faremos o duplo exercício exigido pelo seu desconstrucionismo, em gesto desdobrado: leremos e escreveremos – ou seja, buscaremos transformar veneno em remédio ao invertermos a proposição do próprio Derrida (2005), já que, como bem observa Krieger (2004, p. 180, tradução nossa), "suas novas leituras heterogêneas e fragmentadas refrescaram, sem dúvida, a rotina hermenêutica das humanidades"*.

Particularmente, a primeira vez que me aproximei da teoria derridiana foi numa discussão que fazíamos apoiados nos autores pós-estruturalistas, como Bruno Latour, Isabelle Stengers, Arturo Escobar, Gilles Deleuze, Donna Haraway, entre outros. Naquela

---

* "las nuevas lecturas heterogéneas y fragmentadas refrescaron, sin duda, la rutina hermenéutica de las humanidades" (Krieger, 2004, p. 180).

oportunidade, a ideia era pensar o conceito de *natureza* de uma maneira mais ampla que uma simples paisagem que se monta composta por árvores, rios e montanhas. Dessa maneira, no movimento de pensar um quadro de relação social ampliada (sociedade e natureza), buscamos autores que nos ajudassem a refletir sobre os processos de interação entre humanos e não humanos.

Em uma relação de pensamentos em que assumimos o risco da interpretação – e nos remetemos a isso para exemplificar e evidenciar a utilização de uma epistemologia que escapa profundamente aos dualismos (notadamente o cartesiano) –, recorremos à reflexão de Derrida (2011). Na obra-ensaio *O animal que logo sou (a seguir)*, Derrida chama a atenção para o fato de que a natureza foi dominada pelos homens desde a religião, passando pelo mito, até a ciência.

Ao adotarmos o criacionismo como referência de análise, o belo texto filosófico reflete profundamente acerca do domínio do humano sobre as plantas e os animais, mesmo tendo sido o homem criado em último lugar, depois das coisas. Do domínio autorizado pelo criador ao domínio humano sobre as coisas, a natureza, triste, emudece. Segundo o autor, a natureza não é triste porque muda, e sim muda porque é triste, dominada, sem o direito de nomear-se a si. Assim, o autor reflete que

> ser nomeado [...], e mesmo quando aquele que nomeia é um igual dos deuses, um bem-aventurado, ver-se dar seu próprio nome, é talvez deixar-se invadir pela tristeza, a tristeza mesmo (que teria então por origem essa passividade do ser nomeado,

essa impossibilidade de se reapropriar de seu próprio nome) [...].
(Derrida, 2011, p. 42)

Nessa passagem, o autor se refere a Adão, o primeiro homem, quando nos fala sobre o domínio do humano com divina autorização. E vai além, aos gregos, para demonstrar, segundo sua interpretação, como ao animal tudo foi dado e como o humano foi colocado nu ante todas as coisas. Daí a análise de Derrida sobre o mito de Prometeu, que o humano se constitui dono da natureza e das demais coisas, por meio da falta ou do defeito do humano, como que por vingança.

Portanto, com essa carência de que o humano "instaura ou reivindica de uma só vez sua propriedade (o próprio do homem que tem efetivamente como próprio o não ter um próprio), e sua superioridade sobre a vida dita animal" (Derrida, 2011, p. 44). Em outras palavras, a propriedade humana está acima de todas as coisas, advém de uma ilusão (de propriedade). O humano ganha nas ciências, na religião ou nos mitos um lugar peculiar, de centro, de superioridade.

Por essa rápida passagem introdutória, esperamos demonstrar duas coisas: primeiro, a diferença e o refinamento da teoria de Derrida em relação aos outros autores deste livro; segundo, o alcance de uma filosofia que busca implodir (desconstruir) qualquer texto, tendo nele toda condição de possibilidade interpretativa, contra uma presença anterior, ou uma sociologia do conhecimento que busca na fundação textual a interpretação verdadeira. Nada mais falso para Derrida, já que para ele o texto se separa, ou por orfandade ou por parricídio, de seu criador.

[3.2]
Metafísica da presença: desconstruir!

Se a maioria dos autores e das autoras com que trabalhamos tinha uma proposta bastante interessante para reativar sociedade e natureza, Derrida parece querer não só romper as bases da epistemologia moderna, como também denunciar o erro de toda a história do pensamento científico-filosófico. A exemplo de Nietzsche, Saussure, Foucault e Lyotard, o autor argelino ataca a episteme moderna por meio da linguagem. Tudo para o autor é texto. Dessa forma, o texto, desde sua raiz etimológica, suscita uma tecitura, que Derrida compõe com base em outros textos; é um jogo entre leitura e escrita, puxando fios aqui e ali para compor e descompor o tecido que, no limite, faz o intérprete/autor dizer o que o texto jamais teria dito (Nascimento, 2004).

É importante ressaltar que, em vista da complexidade das teorias e das proposições de Derrida, nos apoiamos naquilo que Latour (1994) chama de *translações*. A translação, para Latour, é um sinônimo de *tradução*; para o estudioso, sempre que traduzimos algo, transladamos esse algo de seu ponto central, nos afastamos mais ou menos do objetivo do autor, o que sempre implica deslocamento ou, em suas palavras, uma traição. Com a certeza de transladar o pensamento derridiano – de uma maneira que Derrida não se importaria –, vamos apresentar o pensamento abusando das citações diretas, que é uma maneira de exercitar a traição em cumplicidade com quem nos lê.

Desse modo, para adentrarmos com alguma razoabilidade no pensamento de Derrida e no quadro epistemológico em que se situa, precisamos compreender que sua crítica, em algum ponto, se confunde com aquela apresentada no Capítulo 2 deste livro. Lyotard (2009) diz que a ciência entra em crise com a noção de relatos; em síntese, o que aquele autor defende é que a ciência positiva perdeu legitimidade no início do século XX, em vista da mescla de saberes que a tornava legítima, ao mesmo tempo que a estrutura dos processos sociais estava demandando mais tecnologia e mais saberes prescritivos.

A desconstrução de Derrida converge em algum ponto com essa deslegitimação do saber, e isso pode ser percebido em um de seus primeiros trabalhos de grande importância, no qual denunciava o **erro** da razão moderna, já que "a 'filosofia' de Derrida não é uma filosofia propriamente dita, mas antes um questionamento da filosofia: 'uma interrogação de sua real possibilidade'" (Strathern, 2002, p. 19).

Naquele momento, Derrida estava empenhado em compreender as bases do conhecimento filosófico e, ao traduzir a obra *Origem da geometria*, do fenomenólogo Edmund Husserl, constatou uma situação controversa, uma aporia. Husserl defendia que, antes de uma determinada ciência ser desenvolvida pelo humano, ela já existia, aguardando apenas sua descoberta. Por meio da geometria, Husserl via o conhecimento em um domínio de verdade atemporal que já existia "lá fora em algum lugar" (Strathern, 2002, p. 19). Já para Derrida, que fez uma extensa introdução da obra de Husserl, o conhecimento necessariamente teria de se basear na experiência vivida. Vejamos: é como se a verdade fosse absoluta e tivesse validade em si; simplesmente existe, metafisicamente, o que seria compreendido como *metafísica da presença*.

Nesse sentido, o autor argelino

> questiona toda a base da filosofia e sua capacidade de operar em seus próprios termos. A estrutura inteira da filosofia é minada por uma aporia e, como tal, não pode ser consistente. Tratava-se de mais do que um obscuro argumento contra as bases da geometria, consistindo num questionamento da possibilidade da própria filosofia. E, consequentemente, dos fundamentos de todo conhecimento. (Strathern, 2002, p. 19)

Uma vez que, para Derrida, "não há como um intelecto finito, limitado a sua própria intuição, poder saber se a verdade que conhece por intuição de alguma forma equivale à verdade daquilo que é. Tamanha coincidência, tamanha igualdade, somente poderia ser garantida por um absoluto que ele não poderia intuir" (Strathern, 2002, p. 22).

Em Derrida, existe claramente uma contraposição muito crítica apoiada tanto em Nietzsche quanto em Heidegger, acerca dessa presença metafísica, esse antes da verdade de todas as coisas. Na perspectiva derridiana, "qualquer significado atual imposto ao texto é somente uma ilusão que tenta impor novamente a 'presença' e algum significado absoluto, alguma verdade absoluta – que é, claro, uma falácia" (Strathern, 2002, p. 56). Um saber que pretende conhecer o fundamento original como base da verdade é ilegítimo para esses autores.

> Radicalizando o gesto heideggeriano da crítica da metafísica entendida como "onto-teo-logia", quer dizer, como posição de Deus enquanto substância e fundamento, o primeiro passo da

desconstrução reside no questionamento das oposições duais (unidade/pluralidade; forma/matéria). Com efeito, cada um desses polos libera uma metafísica potencial, contra ideia de uma experiência pura e unitária, Derrida afirma o caráter sempre híbrido, impuro, misto da experiência. Contra o mito da unidade, ele defende a disseminação do sentido; contra a ilusão de pureza, ele reivindica sua contaminação originária. (Depraz, 2011, p. 94)

Se a crítica da metafísica, que é um dos marcos do fim da modernidade (pelo menos do saber moderno), não havia ficado clara com a discussão que estamos apresentando até o momento, o fragmento que acabamos de ler nos ensina a ver a questão de outra perspectiva. Derrida (1973, 1995, 2005, 2011) nos fala de uma transformação do pensamento que aconteceu por mudanças dos processos sociais. Primeiro, defende que a experiência tem primazia diante do absoluto, a verdade; mas de onde vem essa verdade que emerge ante tudo? Justamente dos processos sociais que geravam uma maior insegurança ontológica – para inverter a proposição de Giddens (1990). O mundo como um todo (apesar do aparente pleonasmo, lembro que ainda hoje separamos humanos e não humanos) carece de explicação. Humanos e natureza eram temidos; a metafísica se sustentava. Depois, controlada a natureza, a segurança ontológica aumentou, e a realidade perdeu seu núcleo metafísico (Filippi, 2006). Nas palavras de Filippi (2006, p. 54, tradução nossa),

não se trata de uma argumentação teórica contra a metafísica, não se rebatem suas afirmações com outras de caráter racional, não se nega a verdade de seus princípios, senão que sua recusa advém de motivos "vitais", aos quais se atribui, inclusive, uma suposta eticidade: a metafísica já não concorda com nosso modo de existir no mundo, obedeceu à necessidade que o homem teve de exercer um domínio forçado e violento em circunstâncias hostis, sob as quais a crença na posse de um primeiro princípio de que tudo depende resultava num mito "tranquilizador", mas essa apropriação do mundo mediante categorias "fortes", violentas, e frente a princípios e uma estrutura de pensamento rígida e estável já não é necessária.[*]

A desconstrução de Derrida tem esse propósito de se contrapor à ideia dessa noção que existe "por baixo do texto", por assim dizer. Logo, filosoficamente a proposta se opõe a essa metafísica da presença. Derrida, na obra *Posições* (2001), se afasta da crítica heideggeriana porque o autor alemão, ao distanciar-se da metafísica, o faz a partir dela. Em outras palavras, Heidegger se vale da metafísica ao estabelecer a crítica da presença. Essa é a chave do pensamento de Derrida, de destemidamente seguir implodindo os discursos e os pensamentos, mantendo-se atento "aos vestígios residuais

---

[*] "no se trata de uma argumentación teórica contra la metafísica, no se rebaten sus afirmaciones con otras de carácter racional, no se niega la verdad de sus principios, sino que se la rechaza por motivos "vitales", a los que se atribuye incluso, una supuesta eticidad: la metafísica ya no concuerda con nuestro modo de existir en el mundo, obedeció a la necesidad que el hombre tuvo de ejercer un dominio forzoso y violento en circunstancias hostiles bajo las cuales la creencia en la "posesión" de un primer principio del que todo depende resultaba un mito "tranquilizador", pero esa apropiación del mundo mediante categorias "fuertes", violentas, mediante unos principios y una estructura de pensamento rígida y estable, ya no es necessária" (Filippi, 2006, p. 54).

do pensamento logocêntrico, típico da metafísica"* (Filippi, 2006, p. 67, tradução nossa).

O poder do *logos* ou discurso que agencia — e, portanto, vivo, diante da presença e do controle de alguém que o converte em fala — tem relação direta com a origem de formulação, que compreendemos como uma **presença plena**, o que Derrida (2005) define como o **pai do discurso**. Para Nascimento (2004, p. 21, grifo do original), "isso configura o que Derrida, no rastro de Heidegger, chamou de 'metafísica da presença', ou seja, o privilégio da presença como valor supremo, em prejuízo de qualquer diferimento, repetição ou **diferença** em todos os sentidos do termo".

Derrida remarca essa diferença com aquele pensamento formulado pelo autor alemão:

> Mas, apesar desta dívida em relação ao pensamento heideggeriano, ou antes em razão desta dívida, eu tento reconhecer, no texto heideggeriano, que, como qualquer outro, não é homogêneo, contínuo, igual, em cada uma de suas partes à força global e a todas as consequências das suas questões–sinais de pertencimento à metafísica ou àquilo que ele chama de "onto-teologia". (Derrida, 2001, p. 16)

Ainda assim, Derrida diz não ser possível libertar-se de todo da metafísica sob as bases de desconstrução. Essa é uma condição de impossibilidade, já que toda a estrutura do nosso pensamento está ancorada nela (Derrida, 2001). Se lermos esses autores passando

---

*   "ante estos vestigios residuales del discurso logocéntrico, típico de la metafísica" (Filippi, 2006, p. 67).

pelas bases epistemológicas, sobretudo de Nietzsche e Heidegger, chegaremos à conclusão não radicalizada de que o pensamento ocidental está fundado em um erro epistemológico que orienta as questões ontológicas das sociedades e estabelece uma organização de suas produções da vida material e, em consequência, das interações entre indivíduos.

Strathern (2002, p. 25) observa, pela leitura heideggeriana de Derrida, que "a civilização ocidental pode ter-se desenvolvido usando uma noção autocontraditória de verdade absoluta, mas sem essa noção autocontraditória ela desaba". Parece-nos que essa questão da metafísica da presença é importante de se pensar segundo um processo histórico de transformação, que resulta naquilo que estamos discutindo e que se convencionou chamar de *cultura pós-moderna* ou *pós-modernismo*.

Essencialmente por intermédio desses autores com os quais dialoga Derrida, percebemos na estrutura da linguagem os limites e as possibilidades de nossa condição humana. Somos provocados a nos posicionarmos consciente e politicamente nesses processos de transformação do pensamento, os quais poderiam refundar, segundo nossa interpretação das noções derridianas, as relações sociais no Ocidente – lembramos que o Ocidente é uma delimitação epistemológica do próprio Derrida. Não estamos afirmando, no entanto, que Derrida nos lança a pensar-nos segundo o recorte histórico da pós-modernidade Mas parece que o autor, mesmo sendo um resultado desse processo de mudança, nos fornece, a partir disso, elementos para tais transformações.

[3.3]
Différence e *différance*

Na região de Náucratis, no Egipto houve um velho deus deste país, deus a quem é consagrada a ave que chamam íbis, e a quem chamavam Thoth. Dizem que foi ele quem inventou os números e o cálculo, a geometria e a astronomia, bem como o jogo das damas e dos dados e, finalmente, fica sabendo, os caracteres gráficos (escrita). Nesse tempo, todo o Egipto era governado por Tamuz, que residia no sul do país, numa grande cidade que os gregos designam por Tebas do Egipto, onde aquele deus era conhecido pelo nome de Ámon. Thoth encontrou-se com o monarca, a quem mostrou as suas artes, dizendo que era necessário dá-las a conhecer a todos os egípcios. Mas o monarca quis saber a utilidade de cada uma das artes e, enquanto o inventor as explicava, o monarca elogiava ou censurava, consoante as artes lhe pareciam boas ou más. Foram muitas, diz a lenda, as considerações que sobre cada arte Tamuz fez a Thoth, quer condenando, quer elogiando, e seria prolixo enumerar todas aquelas considerações. Mas, quando chegou a vez da invenção da escrita, exclamou Thoth: "Eis, oh Rei, uma arte que tornará os egípcios mais sábios e os ajudará a fortalecer a memória, pois com a escrita descobri o remédio para a memória". "Oh Thoth, mesmo incomparável, uma coisa é inventar uma arte, outra julgar os benefícios ou prejuízos que dela advirão para os outros! Tu neste momento e como inventor da escrita, esperas dela, e com entusiasmo, todo o contrário do que ela pode vir a fazer! Ela tornará os homens mais esquecidos, pois que, sabendo escrever, deixarão de exercitar a memória, confiando apenas nas escrituras, e só se lembrarão de um assunto por força de motivos exteriores, por meio de sinais, e não dos assuntos em si mesmos. Por isso, não inventaste um remédio para a memória, mas sim para a rememoração. Quanto à transmissão do ensino, transmites aos teus alunos, não a sabedoria em si mesma, mas apenas uma aparência de sabedoria, pois passarão a receber uma grande soma de informações sem a respectiva educação! Hão de parecer homens de saber, embora não passem de ignorantes em muitas matérias e tornar-se-ão, por consequência, sábios imaginários, em vez de sábios verdadeiros!" (Platão, 1986, p. 120-121)

Talvez essa não seja a ordem correta da apresentação do pensamento de Derrida, mas quem se aproxima de seus textos percebe que, em suas teorias, existe um ir e vir recursivo e complexo que não pressupõe um ordenamento, ou assim o entendemos. Por exemplo: falar de metafísica da presença é falar de *différence*, uma vez que a diferença, para o autor (leitor de Heidegger), se expressa pelas oposições de binômios. Portanto, para Derrida (1973), o pensamento se estrutura em oposições conceituais, que são a base do pensamento moderno cartesiano inaugurado graficamente através do *cogito*. Se voltarmos às discussões do Capítulo 1, veremos como a modernidade se estabelece com base nas noções de bem/mal, masculino/feminino etc.

Nesse sentido, o pensamento do autor nos conduz para uma observação interessante, que é parte do **erro** a que nos referimos. A ideia geral é de que todas essas oposições se relacionam, em última medida, à oposição entre presença e ausência (Derrida, 1973, 2005). Assim, o autor de *Gramatologia* estabelece, desde as noções de logocentrismo, uma relação de oposição entre fala e escrita.

É como se o racionalismo se hierarquizasse entre pensamento, fala e escrita, um derivado do outro, mas ao mesmo tempo em oposição a seu anterior.

O autor propõe pensar quem profere o discurso como se fosse o pai, o que pensa, e a escrita, como a que mata o pai ou a que existe na ausência dele. Como podemos entender um pensamento escrito fora do seu momento presente? Como estas palavras que estamos escrevendo serão compreendidas a partir de agora? Percebem a raiz da noção de desconstrução? Em outras palavras, o que Derrida sugere é que, se regressarmos ao autor da palavra escrita, não poderemos precisar a intencionalidade daquele. Dissemos que, para Derrida, tudo é texto, e isso significa que tudo pode ser interpretado tal qual um texto. Mas nunca chegaremos à exatidão absoluta; não há presença, só o que existe é ausência. A partir daí, a grafia, ou o conjunto de palavras que ilustram ou representam o pensamento, ganha vida própria.

Vejamos a explicação da perspectiva de Deleuze e Guattari (1995, p. 11, grifo do original), segundo os quais o livro é um agenciamento de coisas:

> Não há diferença entre aquilo de que um livro fala e a maneira como é feito. Um livro tampouco tem objeto. Considerado como agenciamento, ele está somente em conexão com outros agenciamentos, em relação com outros corpos sem órgãos. Não se perguntará nunca o que um livro quer dizer, significado ou significante, não se buscará nada compreender num livro, perguntar-se-á com o que ele funciona, em conexão com o que ele faz ou não passar intensidades, em que multiplicidades ele se introduz e

metamorfoseia a sua, com que corpos sem órgãos ele faz convergir o seu. Um livro existe apenas pelo fora e no fora. Assim, sendo o próprio livro uma pequena máquina, que relação, por sua vez mensurável, esta máquina literária entretém com uma máquina de guerra, uma máquina de amor, uma máquina revolucionária etc. — e com uma **máquina abstrata** que as arrasta.

Existe uma relação entre vida e morte que se estabelece por meio da palavra escrita. Nascimento (2004, p. 22) assinala que, no pensamento derridiano, "o logos é, portanto, a origem da paternidade, enquanto a escrita é a fonte da tormenta, com a morte anunciada do pai". Esse é o problema do sistema ocidental de pensamento que opera sob esses signos, já que os signos não são as coisas em si. Derrida (1973) afirma que as palavras que representam um objeto só o fazem em oposição a outros signos. Também em Derrida existe um interesse pela ideia de agenciamento dos discursos ou da grafia. Vejamos, por exemplo, o que aconteceria se repetíssemos indefinidamente a palavra *mesa*:

mesa mesa mesa mesa mesa mesa mesa mesa mesa mesa mesa
mesa mesa mesa mesa mesa mesa mesa mesa mesa mesa mesa
mesa mesa mesa mesa mesa mesa mesa mesa mesa mesa mesa
mesa mesa mesa mesa mesa mesa mesa mesa mesa mesa mesa
mesa mesa mesa mesa mesa mesa mesa mesa mesa mesa mesa
mesa mesa mesa mesa mesa mesa mesa mesa mesa mesa mesa
mesa mesa mesa mesa mesa mesa mesa mesa mesa mesa mesa

> mesa mesa mesa mesa mesa mesa mesa mesa mesa mesa mesa mesa mesa*

Desse modo, podemos finalmente definir a palavra ou termo *différance*, pois o próprio Derrida (2001) nos alerta que ela não é um conceito nem uma categoria. A palavra grafada anteriormente nos remete ao objeto *mesa*, mas só a entendemos em oposição a outros signos, como *cadeira* ou *sofá*, *sala* etc. Logo, *mesa* só é compreendida por meio de diferença (no francês, *différence*, com *e*) entre signos. Além disso, somente podemos explicar o signo por meio de seu sentido temporal, contextual, conjuntural — o que, naquele espaço-tempo, a palavra *mesa* representa? Um signo, portanto, pode ser explicado pela diferença — nesse caso, *différance*, grafada com *a*, para manter o duplo sentido, mas também para demonstrar a distinção entre a palavra falada e a escrita, já que, no francês, *différence* e *différance* têm o mesmo som fonético.

Em *Posições*, o autor nos relata que

> o "a" da *différance* lembra também que o espaçamento é temporização, desvio, retardo, pelo qual a intuição, a percepção, a consumação, em uma palavra, a relação com o presente, a referência a uma realidade presente, a um ente são sempre diferidos. Diferidos em razão do princípio mesmo da diferença que quer que um elemento não funcione e não signifique, não adquira ou forneça seu

---

*   No momento em que se escrevem essas linhas, a palavra *mesa* tem um sentido todo particular, além de suas variações de significado. *Mesa* é o sobrenome de um dos personagens políticos latino-americanos que ganhou forte atenção internacional com a deposição do presidente da Bolívia Evo Morales, no final de 2019.

"sentido", a não ser remetendo-o a um outro elemento passado ou futuro, em uma economia de rastros. (Derrida, 2001, p. 35)

Assim também esclarecemos a epígrafe deste subcapítulo, o texto atribuído a Platão. Sua presença não é meramente estética. Derrida (2005) parte da noção de *escritura-phármakon* (escritura remédio/veneno) para desconstruir o texto, em que retoma um diálogo do final do Fedro, de Platão (1986), e estabelece uma análise da diferença – *différance*. Nesse texto, existe um diálogo mitológico egípcio entre dois deuses: o subalterno Thoth e o supremo Tamuz, em que o primeiro submete à avaliação do segundo algumas de suas invenções. Uma das invenções de Thoth é a escrita, criada como forma de remédio para a memória. Tamuz, em uma compreensão em sentido contrário, rejeita o invento, argumentando que a palavra escrita seria um veneno para a memória.

Derrida (2005) faz o exercício de análise da desconstrução e da diferença e o apresenta por meio de uma cena de leitura, na qual retoma o texto, partindo dele e se afastando dele para dar-lhe uma interpretação que não está ali.

> O que conta para Derrida é a leitura como função em certo sentido "pragmática", ou seja, o ato de fala ou de discurso como prática de um sujeito, que fala, escreve, agencia valores, desloca sentidos, redimensiona estruturas etc. Em outras palavras, em vez da noção de leitura tanto como relação passiva de mero consumo de um ou mais sentidos já prontos no texto de um outro autor; [...] o **sentido** é algo sempre por ser elaborado, remanejado, deslocado etc., em função dos sujeitos relacionados aos atos de fala e/ou de escrita. Tais sujeitos são o autor, falante ou escritor, e o leitor ou leitora,

que pode, por sua vez, se tornar autor/falante/escritor a partir da leitura que realizam. (Nascimento, 2004, p. 14, grifo do original)

Nesse movimento de produção de diferenças, conforme Derrida (2005) nos apresenta em *A farmácia de Platão*, a escrita repete sem saber. De alguma maneira, o tema também é levantado por Lyotard (2009), sobre a deslegitimação da ciência precisamente, por se utilizar da linguagem narrativa/prescritiva para representar um saber que se estrutura em outra linguagem, cognitiva/denotativa. O processo de "criação" do pensamento tem, portanto, uma "memória autêntica", porque não é transformada pela palavra escrita. Nesse caso, o que está em jogo é a representação e o erro da interpretação por meio daquela.

[3.4] Derrida e o racionalismo moderno

Ao acompanharmos as discussões e as proposições de Derrida, podemos observar que o que ele sustenta em sua teoria desconstrutivista, e principalmente na noção de *différance*, é a necessidade de questionar o sentido positivo dos termos no mundo ocidental. O autor afirma que o que consideramos puro e presente – e que pode ser aplicado tanto para os termos quanto para os textos – não passa de uma construção que operou anteriormente por um sistema de diferenças. Além disso, os signos que se referem aos objetos têm de ser percebidos em relação a outros signos de forma estruturada (lembremo-nos do exemplo do termo *mesa*). Logo, existe uma diferença entre aquilo que o signo representa e aquilo que considera nosso cérebro segundo a relação com uma cultura determinada; é nessa noção que está contida a temporalidade da diferença.

A desconstrução ocidental derridiana opera nestes termos:

> A intenção de Derrida era, nada menos, a de destruir toda a "escritura" pela demonstração de sua inevitável falsidade. O escritor escreve com uma das mãos, mas o que ele está fazendo com a outra? Toda escritura e todos os textos têm suas próprias metas obscuras, contêm suas próprias pressuposições metafísicas. Isso é especialmente válido para a linguagem propriamente dita. O escritor, na maioria das vezes, está desatento para esse fato. A própria linguagem que utiliza, inevitavelmente, distorce o que ele pensa e escreve. (Strathern, 2002, p. 25)

Neste sentido é que devemos compreender as formulações de Derrida: toda a estrutura ocidental deve ser questionada, como um imperativo, e não destruída, como Nietzsche (1985) advoga. Para Krieger (2004, p. 188, tradução nossa), a "análise desconstrutivista, um entre vários modelos epistemológicos atuais, cobra sua força graças a uma tradição ocidental: a pergunta. Nada nem ninguém pode eliminar as perguntas, e todo conhecimento é questionável"*.

Portanto, a desconstrução exige o mergulho fragmentado nos textos, nos quais o analista (o pesquisador) vai encontrando fenômenos fronteiriços, marginais, que em última medida são frutos de uma relação de poder, que foram produzidos e controlados na

---

* "El análisis deconstructivista, uno entre muchos modelos epistemológicos actuales, cobra su fuerza gracias a una tradición occidental: la pregunta. Nada ni nadie se puede sustraer a las preguntas, y todo conocimiento es cuestionable" (Krieger, 2004, p. 188).

estrutura de pensamento ocidental. Emerge, assim, a dimensão política da desconstrução, que pretende explodir, com questões cada vez mais profundas, as raízes do pensamento moderno. Nesse sentido é que Derrida aparece como um nome entre os pós-modernos.

[3.5]
Algumas palavras mais

Apesar das discussões muito sintéticas, acreditamos haver passado pelos núcleos centrais da teoria de Derrida. Do modo como vemos, a virtude do pensamento do autor, quando afirma que não existe a verdade absoluta (metafísica da presença) e que os signos não correspondem às coisas nem tampouco se entendem por si mesmos – segundo as noções de *desconstrucionismo* e de *différance* –, é evidenciar que todo o sistema de pensamento ocidental foi construído com base em uma diferença. Já mencionamos esse aspecto, mas em que isso nos ajuda a pensar a cultura pós-moderna? Em Jameson, por exemplo, vamos encontrar a síntese do modelo estruturalista e qual é o seu problema original por definição.

> o estruturalismo trata de refutar a velha concepção da linguagem como nomeação (e.g. Deus deu a linguagem a Adão com a finalidade de nomear os animais e as plantas do Éden), a qual envolve uma correspondência termo a termo de cada significante com cada significado. Ao adotar uma visão estrutural, com razão notamos que frases não funcionam desse modo: não traduzimos uma a uma as palavras ou significantes em termos de seu significado. Pelo contrário, o que lemos é a frase inteira, e é do inter-relacionamento de suas palavras ou significantes que se deduz uma significação mais

global – denominada agora um "efeito de sentido". O significado – talvez mesmo a ilusão ou a miragem do significado e do sentido em geral – é um efeito produzido pelo inter-relacionamento das materialidades significantes. (Jameson, 2006, p. 22)

Ora, iniciamos este capítulo afirmando que Derrida é peculiar na corrente de pensamento pós-moderna e que seus estudos ajudam a pensar mais as teorias pós-estruturalistas e pós-coloniais do que especificamente o pós-modernismo de Bauman, por exemplo. Entendemos o pós-estruturalismo como uma crítica ao estruturalismo e, nesse sentido, contra a separação entre humano e objeto forjada nele — o compreendemos naquela noção já mencionada de reativar o mundo de Stengers (2017). Nesse caso, cabem as teorias da Natureza (com *N* maiúsculo), que incorporam também as teorias de gênero, segundo a noção de corpos e de natureza humana.

Já o pós-modernismo é entendido na mesma marca temporal e na mesma falha original-fundacional do pensamento, que ocidentaliza as epistemologias e as ontologias do globo, quando na verdade é apenas uma das formas de pensamento e não consegue lançar luz aos problemas específicos dos países que não fazem parte do continente europeu. Resgatam-se ou reativam-se aí as cosmologias particulares territoriais, isto é, as culturas de povos originários de cada canto do globo que não realizou o processo epistemológico europeu.

Então, essa é a virtude e a chave das ideias de Derrida para o conjunto de pensamento pós-moderno. Para o autor, não basta afirmar que as relações entre as pessoas estão mais fluídas, ou que se dão por intermédio das diferentes tecnologias, ou que os saberes estão depreciados ante as resoluções dos problemas práticos. Com a análise da linguagem, o desconstrucionismo derridiano remete à oposição do pensamento ocidental entre sujeito e objeto (e contra todos os binômios, enfim) e nos ajuda a perceber como o mundo que aparece a nossos sentidos a todo momento não representa a realidade – é mais, que a realidade, além de ser uma construção, foi construída sob um erro.

Síntese

Neste capítulo, com Jacques Derrida, adentramos com maior profundidade na discussão sobre a realidade, com base na qual se construiu a estrutura da modernidade, com o debate a respeito da metafísica da presença. Vimos que o autor questiona quem estabeleceu o que a verdade é, senão o espírito humano, não deixando a verdade de ser, assim, apenas uma interpretação sobre todas as outras. Então, no lugar da hermenêutica da interpretação, o autor argelino propôs a desconstrução.

Indicações culturais

O SHOW de Truman. Direção: Peter Wier. EUA: Paramount Pictures, 1998. 103 min.

A personagem Truman (interpretada por Jim Carrey) é um tranquilo vendedor de seguros que vive uma vida tradicional, no trabalho, em casa, na vizinhança, com os amigos e nos comércios, até que conhece uma mulher e começa a desconfiar da sua realidade. A partir daí, descobre que integra um experimento social e que toda a sua vida faz parte de um programa de televisão transmitido em rede nacional.

VERDADES e mentiras. Direção: Orson Welles. França/Irã/Alemanha Ocidental: Specialty Films, 1973. 89 min.

Montado como um documentário-ensaio, é um filme sobre a mentira em todos os aspectos, desde a composição de estilo até a essência de fundo. A proposta é questionar a noção de verdade e mentira da vida real com um metafilme, ou seja, um filme dentro do filme.

Atividades de autoavaliação

1] Qual é a principal proposta epistemológica de Derrida?
   a) Hermenêutica da interpretação.
   b) Diferenciação.
   c) Ontologia do ser e ente.
   d) Desconstrução.
   e) Hibridismo.

2] O que faz com que Derrida se preocupe com o problema da verdade?
   a) A descoberta da verdade.
   b) Os eixos esquemáticos da *différence*.
   c) O fato de que os signos não são os referentes (estrutura da linguagem).
   d) O fato de que a verdade não é mais importante em um mundo de internet e alta produção de mercadorias.
   e) O fato de que a verdade nunca existiu.

3] Que elemento é gerador da ideia de verdade moderna para Derrida?
   a) Insegurança do humano na Idade Clássica.
   b) Diferenças entre castas.
   c) Disseminação de conhecimentos bíblicos.
   d) Crença de que todas as coisas contêm diferenças entre si.
   e) Noção forte de classe social.

4] O que significa o termo *différence*?
   a) Diferença entre períodos históricos.
   b) Distinção entre ciência e filosofia.
   c) Diferença entre signos.
   d) *Performance* do termo de distinção social.
   e) Paralogia.

5] Derrida também conceitua *différance*. O que significa ter acrescentado um *a* ao termo *différence*?
   a) Além da diferença entre o signo e o referente, existe o contexto histórico.
   b) O termo com *e* já tinha sido usado na filosofia.
   c) Para que a palavra pudesse ser compreendida fora do meio acadêmico.
   d) Para demonstrar que o signo não importa diante do significante.
   e) Para marcar a transformação de fase do autor.

Atividades de aprendizagem

Questões para reflexão

1] Conforme Derrida, a diferença nasce do sentido de uma palavra para representar alguma coisa. Cite exemplos de palavras que são as mesmas e que identificam coisas distintas.

2] A palavra *sociedade* nos remete a vários elementos, nos provoca a categorizar, delimitar, definir, dizer o que faz ou não parte do social e, nesse caso, justificar por qual razão excluiu tais coisas dessa definição. O que é a sociedade para um líder comunitário e o que é a sociedade para um religioso que passa grande parte do seu dia isolado em um mosteiro estudando os textos clássicos ou, ainda, qual é a sociedade de alguém que ganha a vida através de jogos na internet? Certamente falamos de sociedades diferentes, com elementos diferentes para cada um desses atores. A partir do pensamento de desconstrução e diferença elaborado por Jacques Derrida, elabore a sua definição de sociedade. Lembre-se de que é importante que comecemos pela etimologia da palavra, logo, a que ela se opõe, as suas múltiplas interpretações e então, ao seu significado contextual.

Atividade aplicada: prática

1] Derrida é um autor que nos desafia intelectualmente; quando tentamos traduzir suas noções, percebemos a dificuldade (até pelo medo da traição do sentido original). Para remarcar as concepções do autor, realize um fichamento deste capítulo.

Fredric Jameson
[Capítulo 4]

Fredric Jameson é crítico literário norte-americano nascido em 1934. É um leitor e comentador das teorias marxistas e, talvez por isso, suas obras ganhem requintes de teoria social, nas quais muitas vezes o autor arma seu esquema analítico com a mesclagem de áreas como linguística, psicanálise, história e antropologia. Sua teoria pós-moderna se centra na noção de cultura como pastiche, como produtor de manifestações contemporâneas no capitalismo tardio.

[4.1]
Introdução

Jameson é um importante pensador da cultura do pós-modernismo ou, como o próprio autor defende, da pós-modernidade como estrutura. Para ele, a distinção entre os dois termos é que o pós-modernismo deve ser compreendido como um movimento cultural que transformou as artes de modo geral e operou como um ciclo estilístico – talvez ultrapassado; já a pós-modernidade é uma estrutura de pensamento, um modelo cultural que emerge com íntima relação com o sistema capitalista. Nesse caso, o capitalismo é compreendido num terceiro momento, o qual Jameson (1996, 2006), acompanhando os teóricos sociais, chama de *capitalismo tardio*.

Para o autor, o surgimento da pós-modernidade se deu como um salto no vazio, mas que não se descola da modernidade, ao contrário, a mantém como uma referência importante em termos de estrutura, ainda que o momento pós-moderno indique uma correlação muito estreita com a globalização e os processos de individualização do que ele chama de *capitalismo tardio*. Ao contrário dos autores da escola de Frankfurt, Jameson ressalta que essa fronteira, que não foi totalmente borrada na contemporaneidade, tem a virtude de quebrar a distinção classista da alta cultura e da cultura de massa ou comercial (Jameson, 1996).

O que nos chama atenção em Jameson é que, apesar de datar o período de pós-modernidade e suas características culturais como a maioria dos autores que discutimos até o momento, o autor estabelece uma conexão por meio da ideia de imitação (reprodução na forma de pastiche). Nessa perspectiva de processo, Jameson (1996, 2006) vê a pós-modernidade como uma reprodução não só do período da modernidade em seu sentido clássico (que para o autor representou todo o século XIX), mas também com referências ao período do romantismo, que foi a expressão europeia (ou movimento) anti-iluminista do século XVIII, realizada nos campos político, filosófico e artístico. Se voltarmos nas outras discussões deste livro, veremos que outros autores definem a modernidade de modo mais amplo, sem periodizar suas manifestações culturais com tanto rigor.

Antes de definitivamente nos debruçarmos nas reflexões de Jameson acerca dessa emergência estrutural da cultura pós-moderna nas sociedades contemporâneas (apesar do autor assumidamente concentrar sua análise nos Estados Unidos), vamos tratar de remarcar — como temos tentado fazer com todos os autores — seu posicionamento em relação ao desenvolvimento de uma teoria que ele encara com seriedade. Quem lê suas obras se impressiona com as análises que se lançam de uma disciplina a outra com singular trânsito.

Apesar da atualidade do pensamento dos autores discutidos nesta obra, Jameson é o único ainda vivo e teve, assim, a oportunidade de dialogar com todos os autores apresentados neste livro, de estabelecer aproximações e distanciamentos. De maneira particular, parece-nos que sua teoria se aproxima muito da desenvolvida por Baudrillard. Como fundo epistemológico, o maior distanciamento é com Derrida, assim que quem nos lê em sequência deve logo se acostumar com uma perspectiva mais próxima da modernidade (em termos derridianos). Talvez isso aconteça pela forte presença da história nas análises de Jameson, o que não ocorre de uma maneira inocente, ao contrário, seu caminho de análise é muito convincente e de fácil constatação, o que pode não acontecer com quem se aproxima de autores marcadamente pós-estruturalistas.

Na obra *Pós-modernismo* (publicada em inglês em 1984; utilizamos a versão em português de 1996), o autor é assertivo quanto a isso:

> Este talvez seja o momento de dizer algo a respeito da teoria contemporânea que tem, entre outras coisas, se dedicado à missão de criticar e desacreditar esse modelo hegemônico do fora e do dentro, e de estigmatizá-lo como sendo ideológico e metafísico. Mas meu argumento é que o que se chama hoje de teoria

contemporânea – ou melhor, de discurso teórico – é também um fenômeno estritamente pós-moderno. Seria então inconsistente defender a verdade de seus achados teóricos em uma situação em que o próprio conceito de verdade é parte de uma bagagem metafísica que o pós-estruturalismo procura abandonar. (Jameson, 1996, p. 40)

Dessa forma, o que nos parece interessante de pensar como modelo epistemológico e até metodológico é que as reflexões desse autor estabelecem pontes de conexão do presente com o passado; é como se ele "enquadrasse" seus "momentos" de transformação. Logo, o estudioso vai compilando imagens, foto sobre foto, revoluções sobre revoluções para defender que algumas manifestações pós-modernas, como nudismo ou poesias, foram utilizadas pela burguesia capitalista em contraposição aos dogmas de uma nobreza ainda feudal. Isso se refere, portanto, à época vitoriana (período de reinado da Rainha Vitória, na Inglaterra do século XIX). Jameson (1996, p. 30) assinala que:

> Meu argumento aqui, [...] é que uma mutação na esfera da cultura tornou tais atitudes arcaicas. Não é somente o fato de que Picasso e Joyce não são mais considerados feios; agora eles nos parecem bastante realistas e isso é resultado da canonização e institucionalização acadêmica do movimento moderno, processo que remonta aos fins dos anos 50 [1950]. Essa é, certamente, uma das explicações mais plausíveis para o aparecimento do pós-modernismo, uma vez que a nova geração dos anos 60 [1960] vai se confrontar com o movimento moderno, que tinha sido um movimento

oposicionista, como um conjunto de velhos clássicos, que "pesam na cabeça dos vivos como um pesadelo".

Nesse sentido, essa estrutura é pensada a partir das relações que se estabelecem desde a globalização; é um elemento central de análise para o autor. Então, um ponto que vamos encontrar nos autores que olham para processos e mecanismos de transformação recursiva entre indivíduo e sociedade é o hibridismo cultural promovido por um mundo no qual múltiplas fronteiras deixaram de existir – e percebemos isso mais claramente nas transformações do *habitus* (Bourdieu, 1989; Elias, 1970). Assim, não se trata de um processo de rompimento abissal com a modernidade, mas um fluxo de mudanças que reconfiguram os *status* de cada coisa.

Sob esse pano de fundo histórico-revolucionário, Jameson estabelece a maneira como compreende o período pós-moderno (em suas primeiras obras, ainda não distinguia pós-modernidade de pós-modernismo):

> ele não é apenas mais um termo para a descrição de determinado estilo. É também, pelo menos no emprego que faço dele, um conceito de periodização cuja principal função é correlacionar emergência de novos traços formais na vida cultural com a emergência de um novo tipo social e de uma nova ordem econômica – chamada, frequente e eufemisticamente, de modernização, sociedade pós-industrial, ou sociedade de consumo, sociedade dos mídia ou do espetáculo, ou capitalismo multinacional. (Jameson, 2006, p. 17)

Com esses elementos, podemos compreender que o autor relata traços de conexão histórica desde as revoluções de seus períodos, identificando os processos culturais de libertação de uma herança opressora (e por que não pensar também nos modelos de relatos?) nesses movimentos. Jameson nos sugere pensar que expressões com conteúdo sexual explícito ou contestações públicas às políticas de Estado, por exemplo, já não nos incomodam; "não mais escandalizam ninguém e não só são recebidas com a maior complacência como são consoantes com a cultura pública ou oficial da sociedade ocidental" (Jameson, 1996, p. 30).

[4.2]
Cultura pós-moderna no capitalismo tardio

Quando entramos em contato com a obra de Jameson, evidencia-se a relação íntima entre pós-modernidade e cultura, sobretudo na manifestação desta no sistema capitalista em todas as suas fases. É inegável, para alguns pensadores, a influência do capitalismo nas transformações das relações sociais e produções culturais, e alguns autores vão defender com mais objetividade essa permeabilidade do sistema de produção na cultura, que se confunde com o ideal espiritual e lúdico, elemento importante de fruição individual. Nesse sentido, existe uma separação entre cultura afirmativa e indústria cultural. "Cultura afirmativa é aquela cultura pertencente à época burguesa que no curso de seu próprio desenvolvimento levaria a distinguir e elevar o mundo espiritual-anímico, nos termos de uma esfera de valores autônoma, em relação à civilização" (Marcuse, 2006, p. 95-96).

Já na noção entorpecida pelo capitalismo, o ideal afirmativo da cultura se perde e se abre para uma reprodução ideológica, ou seja, uma ressignificação da cultura como meio de controle de massa. Conforme afirma Marcuse (2006, p. 100, grifo do original),

> Numa sociedade que se reproduz por meio da concorrência econômica, a simples exigência de uma existência feliz do todo já representa uma rebelião: remeter os homens à fruição da felicidade terrena significa certamente não remetê-los ao trabalho na produção, ao lucro, à autoridade daquelas forças econômicas que preservam a vida desse todo. A exigência de felicidade contém um tom perigoso em uma ordem que resulta em opressão, carência e sacrifício para a maioria. As contradições de uma ordem como esta impelem à idealização dessa exigência. Mas a verdadeira satisfação dos indivíduos não pode ser enquadrada em uma dinâmica idealista que reiteradamente adia a satisfação ou desvia a mesma para aspirar ao nunca alcançado. Ela pode se impor somente **contra** a cultura idealista; somente **contra** essa cultura ela consegue se manifestar como exigência universal.

Jameson, como um estudioso da teoria marxista, apresenta muita consonância com a produção elaborada pela teoria crítica, notadamente as teorias que versam e denunciam politicamente a chamada *indústria cultural*, em que existe esse descolamento e a transformação do conceito de arte para ser utilizado como difusão de massa. O autor norte-americano assim sustenta como vê a invasão da cultura pelo capitalismo de massa:

Como venho sugerindo, marxistas e não marxistas confluíram para um sentimento comum de que a certa altura, após a II Guerra Mundial, uma nova espécie de sociedade começava a se formar (variadamente descrita como sociedade pós-industrial, capitalismo multinacional, sociedade de consumo, sociedade dos mídia e assim por diante). Novos tipos de consumo, obsolescência programada, um ritmo ainda mais rápido de mudanças na moda e no *styling*, a penetração da propaganda, da televisão e dos meios de comunicação em grau até agora sem precedentes e permeando a sociedade inteira, a substituição do velho conflito cidade e campo, centro e província, pela terceirização e pela padronização universal, o crescimento das grandes redes de autoestradas e o advento da cultura do automóvel — são vários dos traços que pareciam demarcar uma ruptura radical com aquela sociedade antiquada de antes da guerra, na qual o modernismo era ainda uma força clandestina. (Jameson, 2006, p. 26)

Apesar dessas semelhanças, Jameson (2006) acrescenta a essas transformações o seu sentido histórico, como já mencionamos. Em uma formulação que se aproxima do vazio referencial, que, segundo o autor, alicerça o pastiche (precessão dos simulacros), Jameson (2006, p. 26) afirma que a função dos meios de comunicação de massa "é de relegar ao passado tais experiências históricas recentes, isto o mais rapidamente possível. A função informativa dos meios seria, desse modo, a de ajudar a esquecer, a de servir de verdadeiro instrumento e agente de nossa amnésia histórica".

Essa noção de amnésia dialoga com alguma proximidade com a noção de alienação reformulada pelos autores da escola de Frankfurt para se remeter à indústria cultural (Adorno, 2002).

O certo é que, nesse modelo, também o pós-modernismo surge como fragmentação dos sujeitos como forma dominante cultural: "uma concepção que dá à presença e à coexistência de uma série de características que, apesar de subordinadas umas às outras, são bem diferentes" (Jameson, 1996, p. 29).

Conforme as noções de vazio, alienação e fragmentação dos sujeitos na pós-modernidade e as transformações culturais que vão acompanhando as fases do capitalismo, Jameson (1996) percebe, por meio da arte (filmes, quadros, músicas), alterações nas patologias sociais e individuais. Saímos das histerias e das neuroses do final do século XIX para as depressões e os isolamentos, que "explodiram" a partir da metade do século XX. Veremos isso na próxima seção.

[4.3]
Pastiche como manifestação cultural

Segundo Jameson, um dos elementos centrais dessa estrutura de pensamento que culminou na cultura pós-moderna é o pastiche. O autor insiste que, apesar de o pastiche significar *reprodução* ou *imitação*, não deve de maneira alguma ser confundido com a paródia. Esta última incorpora particularidades e idiossincrasias e cria uma simulação do referente original, mas sempre – e talvez seja sua principal característica – em sentido de "ridicularizar a natureza privada destes maneirismos estilísticos bem como seu exagero e sua excentricidade em relação ao modo como as pessoas normalmente falam e escrevem" (Jameson, 2006, p. 18). Portanto, por trás dessa noção existe um referente que serve de norma, linguística, por exemplo, que supõe hegemonia. Do contrário, o pastiche nasce onde já não há referente, por isso sua manifestação não se dá como na paródia, que tende ao humor e ao ridículo, mas como reprodução mascarada com falsas pretensões de homogeneidade, que emerge de uma realidade híbrida em algum lugar do passado. Nesse jogo de representações, Jameson (2006) quer propor uma imagem da maneira como percebe a pós-modernidade com referência a uma modernidade clássica que já não serve de referente; a cultura pós-moderna, assim, ocupa o lugar da modernidade como imitação.

Dessa maneira,

> A impureza constitutiva de toda teoria do pós-modernismo (assim como o capital, ela tem que manter uma distância interna de si mesma, tem que incluir o corpo estranho de um conteúdo alheio) confirma, então, um dos achados da periodização que precisa ser reiterado: o pós-modernismo não é a dominante cultural de uma ordem social totalmente nova (sob o controle da sociedade pós-industrial, esse boato alimentou a mídia por algum tempo), mas é apenas reflexo e aspecto concomitante de mais uma modificação sistêmica do próprio capitalismo. Não é de espantar, então, que vestígios de velhos avatares – tanto do modernismo como até do próprio realismo – continuem vivos, prontos para serem reembalados com os enfeites luxuosos de seu suposto sucessor. (Jameson, 1996, p. 16)

A consequência da manifestação do pastiche na realidade contemporânea é a morte do sujeito. Para o autor, o modernismo engendrava sujeitos únicos, com estilo pessoal e privado semelhante à incomparabilidade de uma impressão digital ou um corpo humano. Essa representação do humano diz respeito a uma estética da modernidade na qual eram únicas tanto as personalidades dos indivíduos quanto suas visões de mundo, e que fatalmente caiu no ostracismo.

Já mencionamos que Jameson é um autor versátil, um intelectual admirável que faz conexões realmente surpreendentes. Por exemplo, esse conceito de morte do sujeito e as transformações das patologias são mencionados pelo autor em vários momentos de suas obras e com base em muitos aspectos da cultura. Na referida obra *Pós-modernismo*, o autor analisa esse ponto utilizando como referência analítica o quadro *O grito*, de Edvard Munch (1983). Para Jameson (1996, p. 43),

> o quadro de Much se apresenta como uma reflexão complexa sobre essa situação complicada: ele nos mostra que a expressão requer a categoria da mônada[*] individual, mas também nos mostra o alto preço que tem que ser pago por essa precondição, ao dramatizar o infeliz paradoxo de que quando nos constituímos como uma subjetividade individual, como um campo autossuficiente e um domínio fechado, também nos isolamos de todo o resto e nos condenamos à solidão vazia da mônada, enterrada viva e condenada a uma cela de prisão sem saída.

*   Jameson empresta o conceito cristão de *mônada* forjado por Leibniz, para quem esse aspecto vai além da simples substância individual; ela é o produto metafísico da relação entre indivíduo e mundo, portanto não se encontra nem no indivíduo, nem no mundo (Leibniz, 1995).

Bem, certamente Derrida não estaria de acordo com essa interpretação, porque justamente pressupõe um pré da presença, sob o qual se estabelece a hermenêutica da interpretação. Nesse caso, quem lê percebe que está dada uma metafísica da presença, um querer dizer. A crítica pós-estruturalista a esse respeito é que a ideia original não é possível de ser resgatada, talvez nem mesmo a seu autor. Metodológica e epistemologicamente, no entanto, as duas posturas deixam claras seu ponto de partida: uma parte de uma noção epistêmica de saber dos saberes; a outra coloca sobre a mesa a impossibilidade de conhecer o real diante da sua completa inexistência e se abre para uma interpretação da desconstrução e da diferença.

Essa noção da morte do sujeito advém de duas premissas: a primeira é de que o homem moderno, do capitalismo das corporações (dissolvido no mundo da burocracia organizacional), substituiu o antigo capitalista clássico, burguês de classe social hegemônica e de família nuclear tradicional. A outra noção (que advém do pós-estruturalismo) era mais baseada em que essa noção, esse constructo do sujeito individual era um mito filosófico produzido e disseminado na burguesia do capitalismo emergente (Jameson, 1996, 2006).

Apesar de óbvia e admitidamente concordar mais com a primeira premissa, Jameson não se concentra nessas questões; para ele, interessa mais saber os resultados disso para a manifestação da cultura pós-moderna. Em outras palavras, ele deseja saber com referência a que, então, estaria sendo produzida a cultura do capitalismo tardio. Segundo as análises do autor, há um número possível de variações por meio das quais se possa inventar novos estilos e a modernidade de um século de duração já havia percorrido e esgotado essas expressões da cultura.

Curiosamente, podemos perceber que Jameson não descarta totalmente a noção pós-estruturalista – o que engrandece ainda mais suas análises. O autor afirma que, "em fiel conformidade com a teoria linguística pós-estruturalista, o passado como referente é gradualmente colocado entre parênteses e depois desaparece de vez, deixando apenas textos em nossas mãos" (Jameson, 1996, p. 46). A referência sobre a qual os indivíduos atuam hoje diz respeito a um tempo passado que Jameson (1996) nomeia de *vasta coleção de imagens*. Para ele, a modernidade clássica não passa de um simulacro (como podemos ver em Baudrillard).

Quando menciona a teoria linguística do pós-estruturalismo, Jameson admite que a verdade sobre a qual se erige a cultura pós-moderna não está lá. Eis o pastiche! Indivíduos atuando com base em imagens, texto, criação, invenção, simulações. É um mundo de referência no qual a contemporaneidade busca como que por encanto recuperar um passado perdido.

> Daí, repetimos o pastiche: no mundo em que a inovação estilística não é mais possível, tudo o que restou é imitar estilos mortos, falar através de máscaras e com as vozes dos estilos do museu imaginário. Mas isto significa que a arte pós-moderna ou contemporânea deverá ser arte sobre a arte de um novo modo; mais ainda, isto significa que uma de suas mensagens essenciais implicará necessariamente a falência da estética e da arte, a falência do novo, o encarceramento do passado. (Jameson, 2006, p. 19-20)

Assim interpretado, o pastiche seria a ponte estendida no presente, e o futuro faz desaparecer os lugares já pisados de maneira que não tenhamos certeza da referência vivida, senão por representação, estereótipos. Desaparece a noção de tempo, e a realidade se dá pela produção de um passado imaginado. O próprio passado, no entanto, permanece, para sempre, fora do alcance (Jameson, 2006, p. 21).

Logo, se a cultura passa a ser componente essencial do capitalismo na pós-modernidade, rompendo a noção de tempo e de espaço com os processos globalizadores, e se nossas referências para o presente cada vez mais intenso não passam de imitações, simulacros de realidade, pastiche, ou seja, representam apenas nossas ideias e estereótipos sobre o passado, não estamos condenados à produção autoconsciente de mais textos, conforme Derrida? Parece-nos que, apesar da crítica do filósofo francês ao pós-estruturalismo e sua noção de ausência da presença, na qual não existe lugar para o real senão para "novos textos" sobre esse real, a leitura interpretativa de Jameson contradiz a si mesma. Se a história presente é um pastiche, por estar baseada em representações estereotipadas que nada dizem do passado histórico, isso não seria a produção de novos textos? Não seria o pastiche a evidência da *différance*? Em outras palavras, não estaria Jameson, ao produzir interpretações de interpretações, fazendo uma interpretação que não seria original?

[4.4]
Esquizofrenia social

Antes de apresentarmos a discussão de Jameson acerca da esquizofrenia, é importante fazermos um alerta, uma penúltima palavra sobre o entrave entre as compreensões **estritamente pós-modernas** em face da **leitura pós-estruturalista** — e não resta dúvida de que o maior interlocutor de Jameson nesta discussão sem última palavra é Derrida. O pensamento pós-estruturalista vem e vai nas obras de Jameson, que, por sua vez, são amplamente carregadas de interpretações da cultura (de um modo geral). Vimos que, para Derrida, tudo é texto, ou seja, novas interpretações das múltiplas realidades. Em Jameson (2006), essa também é uma marca da pós-modernidade, mas, no lugar da noção de textualidade, ele prefere fazer sua análise com base no conceito lacaniano de *esquizofrenia*.

Assim, a questão da temporalidade, ou de seu esfacelamento, leva Jameson a considerar que as produções da vida dos indivíduos, que já não estavam ancoradas a um passado real – resultando, como vimos, em pastiche – são centradas em um presente sem referências e, portanto, sem ordenamento de futuro. Lembramos que uma das marcas distintivas da modernidade é o depósito na crença no futuro, seja por uma ética do trabalho (Weber, 1999), seja por uma esperança na emancipação dos indivíduos (Derrida, 1995). A exacerbação do presente sem referência passada e sem planos futuros resulta em "um amontoado de fragmentos e em uma prática da heterogeneidade a esmo do fragmentário, do aleatório" (Jameson, 1996, p. 52).

Jameson aborda a esquizofrenia não em um sentido psicológico, tampouco segundo as definições baseadas nas teorias clínicas. O estudioso toma o conceito com base na historicidade da estrutura da linguagem desenvolvido por Jacques Lacan, para pensar a sociedade norte-americana conforme aquela instabilidade temporal que mencionamos há pouco, pois "a linguagem possui um passado e um futuro, porque a frase se instala no tempo, é que nós podemos adquirir aquilo que nos dá a impressão de uma experiência vivida e concreta do tempo" (Jameson, 2006, p. 22).

Logo, Jameson (1996, 2006) baseia seu argumento linguisticamente, já que a estrutura do pensamento se dá em um aprendizado estruturalmente organizado em três componentes: o signo (palavra ou texto), o sentido da materialidade do signo e o referente (objeto real, a coisa mesma). Segundo os pensadores estruturalistas (e lembramos que Derrida está de acordo com essa ideia), é assim que se desenvolve a estrutura do pensamento nos indivíduos, o modo como formamos e reproduzimos a compreensão do mundo.

> Mas já o esquizofrênico não chega a conhecer dessa maneira a articulação da linguagem, nem consegue ter a nossa experiência de continuidade temporal tampouco, estando condenado, portanto, a viver em um presente perpétuo, com o qual os diversos momentos de seu passado apresentam pouca conexão e no qual não se vislumbra nenhum futuro no horizonte. Em outras palavras, a experiência esquizofrênica é uma experiência da materialidade significante isolada, desconectada e descontínua, que não consegue encadear-se em uma sequência coerente. O esquizofrênico não consegue desse modo reconhecer sua identidade pessoal no

referido sentido, visto que o sentimento de identidade depende de nossa sensação da persistência do "eu" e de "mim" através do tempo. (Jameson, 2006, p. 22)

À falta de noção de temporalidade é que Jameson associa o conceito lacaniano de esquizofrenia. No esquizofrênico, a relação entre significante e significado se rompe, o referente é, no mais das vezes, cheio de intensidades e cores que não são moduladas de acordo com a estrutura do pensamento incorporado (aquela relação entre signo, sentido e referente). E eis que o autor chega ao ponto central da transposição do conceito psicológico para a estrutura do pensamento de uma época: "se somos incapazes de unificar passado, presente e futuro da sentença, então somos também incapazes de unificar o passado, presente e futuro da nossa própria experiência biográfica, ou de nossa vida psíquica" (Jameson, 1996, p. 53).

Para pensarmos os efeitos dessa dinâmica no social, recorremos à sequência dessa discussão psicológica para entender como o autor compreende a estrutura do presente. Encontramos duas sínteses: uma que faz relação direta entre manifestação individual e a expressão coletiva e outra que se refere a uma questão mais histórica, característica das noções do autor, que sempre tenta demonstrar a noção de fluxo ou continuidade temporal (ainda que, no conceito de pastiche, ela se mostre um tanto controversa). Na obra *Pós-modernismo*, Jameson (1996, p. 54) afirma que

> A ruptura de temporalidade libera, repentinamente, esse presente do tempo de todas as atividades e intencionalidades que

possam focalizá-lo e torná-lo um espaço de práxis; assim isolado, o presente repentinamente invade o sujeito com uma vivacidade indescritível, uma materialidade da percepção verdadeiramente esmagadora, que dramatiza, efetivamente, o poder do significante material – ou melhor, literal – quando isolado [...].

Não precisamos apresentar os argumentos psicológicos dessa comparação, entre a percepção de mundo de alguém que sofre de um transtorno mental como a esquizofrenia, com sintomas e reações diante do mundo. Basta-nos tratar da intensidade em face das experiências manifestada pela esquizofrenia e transpor em um quadro maior, no qual as fruições do presente orientam o comportamento do indivíduo pós-moderno (um pouco atrelado à ideia de liquidez de Bauman). Na perspectiva comunicacional, Jameson (2006, p. 26) afirma que "a função informativa dos meios seria, desse modo, a de ajudar a esquecer, a de servir de verdadeiro instrumento e agente de nossa amnésia histórica". Pensemos na indústria cultural e na alienação despertada. Seria um fetiche da arte em sua utilização capitalista (Adorno, 2002; Jameson, 1985).

Com relação à perspectiva disso no plano histórico, Jameson (2006, p. 26) afirma que

> O desaparecimento do sentido da história, o modo pelo qual o sistema social contemporâneo como um todo demonstra que começou, pouco a pouco, a perder a usa capacidade de preservar o próprio passado e começou a viver em um presente perpétuo, em uma perpétua mudança que apaga aquelas tradições que as formações sociais anteriores, de uma maneira ou de outra, tiveram de preservar.

Para concluirmos esse subcapítulo, resta-nos remarcar, para quem lê Jameson, o valor da história para ele; ressaltar a potencialidade da perspectiva histórica — parece-nos que Jameson ajuda a pensar o sentido da história de uma maneira peculiar, desde o vazio referencial que se abre para um múltiplo do perspectivismo até a consequente esquizofrenia social que lança os indivíduos na intensidade de um presente que imita um passado simulado, os quais experimentam a fruição intensa do presente sem capacidade de organizar um futuro, seja na eternidade do cristianismo, seja por meio da dialética como veículo de emancipação social.

[4.5]
Historicizar, reconstruir

> Quero conjecturar que os protagonistas daquelas revoluções estéticas e filosóficas foram os povos que ainda viviam simultaneamente em dois mundos distintos; nascidos naquelas vilas rurais que por vezes ainda caracterizamos como medievais ou pré-modernas, eles desenvolveram suas vocações nas novas aglomerações urbanas, com seus radicalmente distintos e "modernos" espaços e temporalidades. A sensibilidade para o tempo profundo nos modernos registra, assim, esta percepção comparativa das duas temporalidades socioeconômicas, que os primeiros modernistas tiveram que negociar em suas próprias experiências vividas. Seguindo esta mesma linha, quando o pré-moderno desaparece, quando o campesinato se reduz a um resto pitoresco, quando os subúrbios substituem as vilas e a modernidade reina triunfante e homogênea por todo o espaço, aí então o sentido mesmo de uma temporalidade alternativa também desaparece, e as gerações pós-modernas

são despossuídas (sem nem mesmo saberem) de qualquer sentido diferencial daquele tempo profundo que os primeiros modernos procuraram registrar em sua escrita. (Jameson, 2011, p. 191)

Rapidamente queremos apenas apontar algumas questões a mais no pensamento de Jameson e explicar com mais cuidado o surgimento da pós-modernidade como um pastiche, já que o "salto" que Jameson faz para explicá-lo é um salto teórico também. No entanto, esse segundo salto, compreendemos, é mais uma questão da amplitude da obra do autor, que produz por fragmentos de pensamento complementares do que por uma falta teórica. Isso se mostra tanto nas obras traduzidas para o português (as quais preferencialmente utilizamos neste livro) quanto nos textos em seu idioma original.

O pastiche como apresentamos se revela como uma imitação ou representação referenciada em um passado inexistente, que mesmo ficcional produz processos de civilização e de contestação cada vez mais refinados, com base em uma realidade representada; eis o que estamos chamando de *salto da modernidade para a pós-modernidade*. De fato, assim representada na definição de Jameson e nos autores que acessamos para estabelecer o diálogo com ele, a imagem parece ser aquela de uma ponte que se autodestrói enquanto avançamos; a modernidade vai ficando para trás, restando apenas o seu retrato ideologizado e reificado no presente (Baudrillard, 1991; Jameson, 1996).

Ainda que (acreditamos) o próprio autor não se opusesse a essa representação, vamos descrevê-la melhor segundo a noção de história como reconstrução. No ensaio *O fim da temporalidade*

(2011) – publicado em inglês em 2003 –, Jameson descreve o processo com mais detalhes e o salto se dá entre um lócus de produção da vida material e a realização desse novo modelo de civilização, que conhecemos representativamente como *modernidade*, amplamente discutida na teoria social.

> Em primeiro lugar, as potências imperiais do antigo sistema não querem saber de suas colônias, da violência ou da exploração em que sua própria prosperidade está fundada, tampouco desejam elas ser forçadas a reconhecer a multidão de "outros" escondida debaixo da linguagem, das categorias sub-humanas e dos estereótipos do racismo colonial. "Não faz muito tempo," observou Jean-Paul Sartre numa famosa frase, "a Terra tinha dois bilhões de habitantes: quinhentos milhões de homens e um bilhão e meio de nativos." [...] o importantíssimo evento da descolonização, a "transformação" desses nativos em homens, é uma das determinações essenciais da pós-modernidade; a expressão de gênero também nos lembra que essa história poderia igualmente ser contada nos termos da outra metade da raça humana, da libertação e da tendência ao reconhecimento das mulheres neste mesmo período. (Jameson, 2011, p. 192)

Esse lócus é a diferença entre o rural ainda existente como força de produção e de onde necessariamente veio a classe operária e de onde surgiram as metrópoles burguesas, as quais representaram a "nova" civilização, a chamada *modernidade clássica* ou *período pós-feudal*. O elemento epistemológico dessa passagem feudal-modernidade é a chave neste ponto. As sociedades emergentes (leia-se a burguesia citadina) passaram a produzir modelos de vida descolados das transformações que lhes dava sustentação.

Essa é a falta, o salto, que deu o pensamento ocidental até ser criticado e reproduzido definitivamente pela cultura pós-moderna (Jameson, 2011). Nesse mesmo sentido, Baudrillard (1991, p. 14) afirma que a nostalgia acaba assumindo todo o seu sentido por meio da "sobrevalorização dos mitos de origem e dos signos de realidade. Sobrevalorização de verdade, de objetividade e de autenticidade de segundo plano. Escalada do verdadeiro, do vivido, ressurreição do figurativo onde o objeto e a substância desapareceram".

Agora, sim, por essa razão Jameson vai chamar esse processo de *modernização incompleta*. Para ele, é importante a noção histórica nos dois sentidos: na falta ou na incompletude que deriva a estrutura de pensamento das sociedades ocidentais e, analiticamente, seu resgate como hermenêutica interpretativa, da qual o autor não abre mão para definir a cultura pós-moderna como vimos. O momento de nascimento da burguesia inconsciente da episteme que produz e alicerça sua emergência, e que é amplamente reproduzida nos moldes nostálgicos, é, por fim, o pastiche de nosso tempo.

> Os modernos eram obcecados com o segredo do tempo, os pós-modernos com o do espaço, sendo o segredo, sem dúvida, o que André Malraux chamou de Absoluto. Podemos observar uma curiosa derrapada em tais investigações, até mesmo quando a filosofia põe suas mãos nelas. Eles começam pensando que querem saber o que é o tempo e terminam, mais modestamente, tentando descrevê-lo através daquilo que Whitman chamou de "experimentos de linguagem" nas várias mídias. Assim, temos interpretações

> do tempo de Gertrude Stein a Husserl, de Mahler a Le Corbusier (que pensou em suas estruturas estáticas como inúmeras "trajetórias"). Não podemos dizer que qualquer dessas tentativas é menos equivocada do que os mais óbvios fracassos do cubismo analítico ou da "estética da relatividade", de Siegfried Giedion. Talvez tudo o que de fato precisamos dizer esteja contido no lacônico epitáfio de Derrida sobre a filosofia aristotélica da temporalidade: "De certa forma, é sempre tarde demais para se falar do tempo". (Jameson, 2011, p. 189)

Portanto, o argumento de Jameson é que a cultura, de modo geral, se encarregou de reproduzir cenários pitorescos, o que foi feito por meio de abstrações dedutivas segundo o modo de vida das metrópoles. Dessa maneira, a cultura moderna recompôs as imagens com intenção de reparação, restauração e revitalização dos significados daquele mundo de que foram privados.

Síntese

Neste capítulo, sobre Fredric Jameson, nos deparamos com uma noção ou cultura da pós-modernidade que, segundo o autor, nasce no capitalismo tardio. Vimos que Jameson analisa a cultura pós-moderna com base em diferentes veículos e estilos para afirmar as transformações da sociedade e a perda de um referente que ocorreu na modernidade clássica. Assim, a pós-modernidade, para ele, se dá pela cultura como pastiche, ou seja, uma imitação sem base sob a qual se estabelece o tempo presente.

Indicações culturais

O PONTO de mutação. Direção: Bernt Capra. EUA: Paramount Home Video, 1990. 112 min.

Esse filme trata da discussão da emergência de um novo paradigma, um novo sistema de pensamento que não seja mecanicista, atômico ou dualista. A história se passa em um dos marcos da Alta Idade Média na França, no Monte Saint-Michel, onde as paredes "presenciaram" as transições de sistemas de pensamento e códigos de conduta e onde, agora, assiste a um diálogo entre uma cientista, um poeta e um político sobre grandes questões científicas, filosóficas, religiosas e existenciais em meio a suas próprias frustrações pessoais.

TEMPO de despertar. Direção: Penny Marshall. EUA: Columbia Pictures, 1990. 121 min.

Nesse filme, a trajetória do neurologista Malcolm Sayer, interpretado pelo ator Robin Williams, é um ótimo reflexo da atividade de um pesquisador: ao se deparar com um problema no seu cotidiano (uma estranha doença que atinge os pacientes do hospital em que trabalha), o médico passa a conduzir uma investigação, a traçar hipóteses e a testar teorias para compreender melhor o problema.

Atividades de autoavaliação

1] Identifique o conceito-síntese com que Jameson interpreta a pós-modernidade:
   a) Capitalismo tardio.
   b) Diferença.
   c) Simulacros.
   d) Pastiche.

e) Modernidade radical.

2] Qual é a relação entre modernidade e pós-modernidade para Jameson?
   a) Uma relação de continuidade, uma referência importante em termos estruturais.
   b) Uma relação radicalmente oposta ao período clássico feudal, pela produção artística.
   c) Para Jameson, jamais fomos modernos.
   d) Um rompimento abissal entre os dois momentos.
   e) Não há relação nenhuma entre os dois períodos.

3] O que significa dizer que atuamos na pós-modernidade como pastiche?
   a) Que operamos por diferenciações esquemáticas distintas da modernidade.
   b) Que reproduzimos, na pós-modernidade, um ideal de modernidade inexistente; uma paródia sem humor.
   c) Que os objetos e os humanos estão cada vez mais relacionados, e pastiche é a nomenclatura para essa relação.
   d) Que vivemos uma realidade virtual em tempos de internet.
   e) Que representamos por meio de hologramas a realidade.

4] Para Jameson, qual a principal marca da modernidade na pós-modernidade?
   a) Nenhuma, porque as duas são completamente opostas.
   b) O estilo dos filmes e da produção cinematográfica.
   c) O fato de que os traços de libertação da modernidade agora são vistos como normais (nudismo ou consumo de pornografia, por exemplo).

d) O fato de que a arte barroca se inspirou na corrente feudal de pensamento e reverbera nos dias atuais.

e) Um avanço frenético da produção artística.

5] Assinale a principal função dos meios de comunicação de massa para Jameson:

a) Relegar ao passado as experiências históricas recentes, o mais rapidamente possível. A função informativa dos meios seria, desse modo, a de ajudar a esquecer, a de servir como um verdadeiro instrumento e agente de nossa amnésia histórica.

b) Produzir uma manifestação cultural que aproxima os pobres de um meio cultural mais refinado e de alta cultura.

c) Ampliar o consumo e a renda das corporações.

d) Estabelecer uma prisão, como uma jaula de ferro, em que os indivíduos consumam os produtos de suas propagandas e não se dispersem com outras coisas do mundo real.

e) Acessar a todas as pessoas do globo, inclusive as mais isoladas, através de alta tecnologia de conectividade.

Atividades de aprendizagem

Questões para reflexão

1] Sabendo que as manifestações pós-modernas sempre existiram na modernidade como forma de revolução e protesto, indique elementos presentes nesses dois momentos e que hoje nos parecem corriqueiros.

2] Vejamos esta citação:

> "A linguagem possui um passado e um futuro, porque a frase se instala no tempo, é que nós podemos adquirir aquilo que nos dá a impressão de uma experiência vivida e concreta do tempo".
> (Jameson, 2006, p. 22)

Com base no texto anterior, descreva como o pós-modernismo pode ser interpretado como esquizofrenia social.

Atividade aplicada: prática

1] Com base nas elaborações de Jameson, vamos tentar compreender o conceito de *pastiche*. Busque revistas de entretenimento ou páginas da internet que comentam a vida de celebridades e procure identificar se há ou não uniformidade estética em suas expressões como sujeitos sociais.

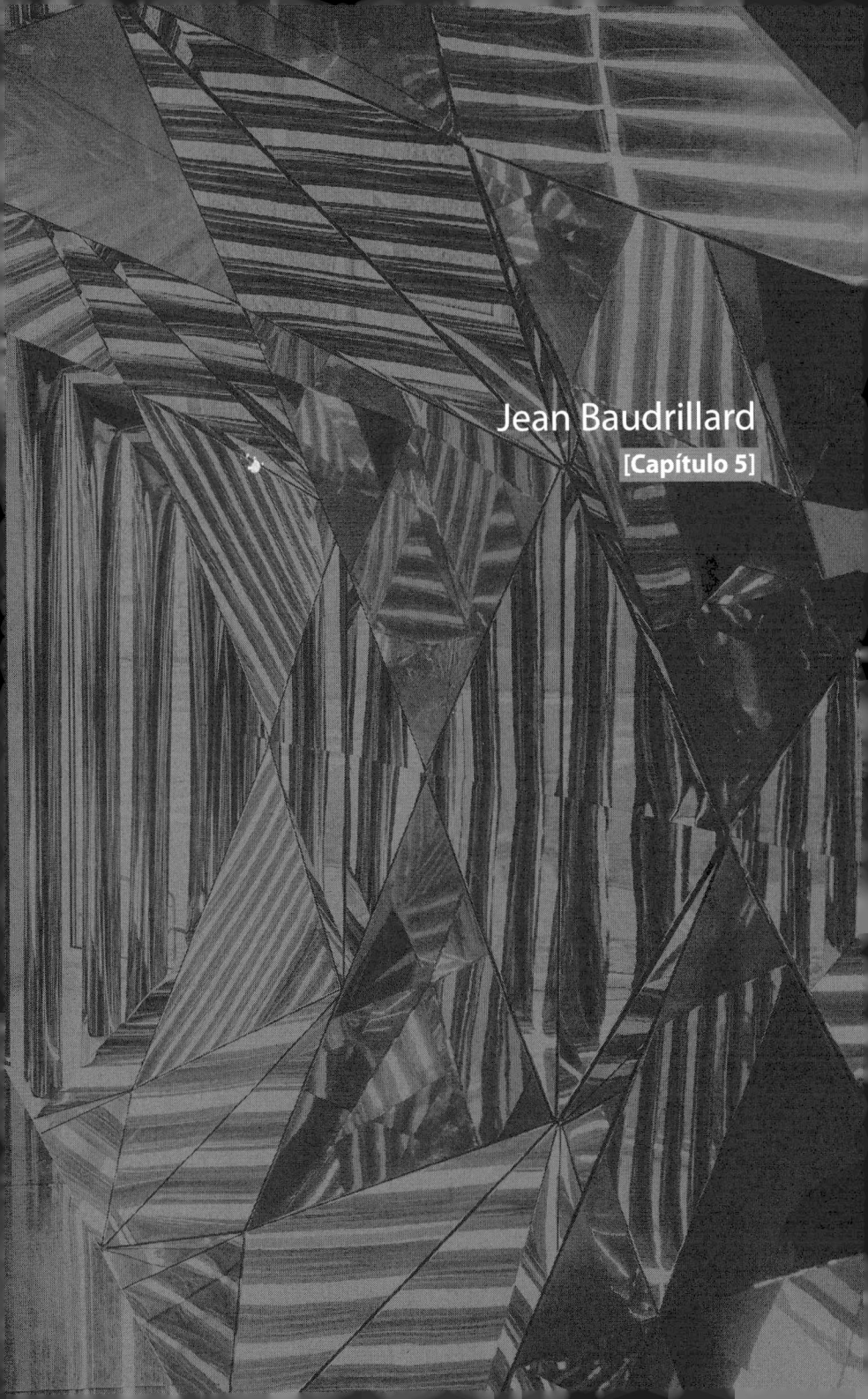

Jean Baudrillard
[Capítulo 5]

Jean Baudrillard (1929-2007) nasceu na França e atuou como sociólogo, jornalista, poeta, tradutor, fotógrafo e filósofo. Neste livro, talvez o mais importante para a discussão que faremos é: Baudrillard não se considerava um acadêmico e teve uma recepção muito crítica aos seus escritos. É claro que isso não se mostra com os fragmentos que escolhemos para apresentá-lo; é necessário ir à obra do autor para compreender o porquê dessa resistência. No mais, Baudrillard defende uma postura científica muito contrária à análise de escritório e ao trabalho de campo, o qual busca encaixar seus resultados em alguma teoria anterior, já que, para ele, somente o trabalho autoral resulta em verdadeira ciência.

[5.1]
Introdução

Pela amplitude e pela diversidade de suas abordagens, Baudrillard, sem dúvida, foi o pensador que mais exigiu em criatividade para decidir como o apresentaria. Suas provocações – assim entendo o conjunto de sua obra – me obrigaram a tirar livros da estante e retomar leituras que há muito não eram acessadas, para mergulhar em uma sociologia filosófica e poética ao mesmo tempo. Ante a impossibilidade de traduzir todas as perspectivas do autor, a opção foi apoiar-me na obra que mais evidentemente dialoga com o tema da pós-modernidade: *Simulacros e simulação*. Tangencialmente, outros textos do autor foram acessados para o desenvolvimento deste capítulo, a exemplo do que foi feito com a apresentação de Lyotard.

Assim, das reconhecidas três fases do autor — a saber: enfoque sobre a sociedade de consumo e significação dos objetos; intercâmbio simbólico, que o levou às noções de simulacros, simulações e hiper-realidade; análise de questões de fundo da política e da sociedade —, focamos nas duas primeiras, além de tentar aterrissar na perspectiva de ciência de Baudrillard, ponto do qual partiremos.

Desde já devemos ressaltar que é interessante perceber, na obra de Baudrillard, a proximidade com a matriz epistêmica que é base da crítica de Nietzsche e Foucault e que podemos conectar como um desdobramento (em nossa leitura) na noção de deslegitimação para Lyotard, da crítica à metafísica da presença de Derrida, do vazio epistemológico (aquilo que chamamos de *salto*) de Jameson – e poderíamos ir e vir na corrente de pensamento científico, localizando a mesma crítica em pensadores e pensadoras que fazem ou não parte de um certo *mainstream*. A simulação e o simulacro nascem dessa falta, ou melhor, da presença imaginária, da representação do referente. Vamos perceber que, tal qual o pastiche, o simulacro substitui a realidade.

Para irmos adentrando nas discussões de Baudrillard, temos de relembrar uma passagem de Foucault de *As palavras e as coisas*:

> A "natureza" está inserida na fina espessura que mantém, uma acima da outra, semiologia e hermenêutica; ela só é misteriosa e velada, só se oferece ao conhecimento por ela às vezes confundido, na medida em que essa superposição não se faz sem um ligeiro

> desnível das semelhanças. De imediato, o crivo não é claro; a transparência se acha turva desde o primeiro lance. Aparece um espaço sombrio que será necessário progressivamente aclarar. É aí que está a "natureza" e é isso que é mister aplicar-se a conhecer. Tudo seria imediato e evidente se a hermenêutica da semelhança e a semiologia das assinalações coincidissem sem a menor oscilação. (Foucault, 1999, p. 44)

Quando Foucault nos apresenta esse problema, para efeitos do que estamos discutindo neste livro, a ideia de natureza alude aquela de verdade. O filósofo francês busca fazer uma epistemologia arqueológica dos signos (e poderíamos dizer do saber ou da ciência); talvez fosse melhor inverter os termos e dizer que ele faz uma arqueologia da epistemologia. A verdade, nesse sentido, é algo que apareceria apenas na tradução interpretativa daquilo que a representa, e resta seu espectro metafísico pairando por detrás da interpretação, ou seja, nunca ela mesma.

Ideia muito próxima encontramos em Baudrillard (1991), que vê na sociedade moderna um abuso do signo e a perda completa do referente, assinalando a troca do real (absoluto) pelo signo, ou seja, a palavra já não representa a coisa.

> Toda a fé e a boa-fé ocidental se empenharam nesta aposta da representação: que um signo possa remeter para a profundidade do sentido, que um signo possa trocar-se por sentido e que alguma coisa sirva de caução a essa troca – Deus, certamente. Mas e se o próprio Deus pode ser simulado, isto é, reduzir-se aos signos que o provam? Então todo sistema perde a força da gravidade, ele próprio não é mais que um gigantesco simulacro – não irreal, mas

simulacro, isto é, nunca mais passível de ser trocado por real, mas trocando-se em si mesmo, num circuito ininterrupto cujas referência e circunferência se encontram em lado nenhum. (Baudrillard, 1991, p. 13)

É um retorno à ideia de presença (Derrida, 1995), mas, em Baudrillard, assim como em Jameson, ela assume outra forma. Se, para Derrida, ela é sempre reinterpretada com a desconstrução que produz confessadamente novos textos ou interpretações, em Jameson e Baudrillard ela é transposta na figura do engano, um engano que já não sabe mais o que pretendia dissimular. Admite, então, a forma da representação, e como a representação (nesse caso, o signo) é/foi fundamentado na hermenêutica da interpretação, o real se dilui, evapora, já não é mais sobre ele que as variações de interpretação aparecem.

> A passagem dos signos que dissimulam alguma coisa aos signos que dissimulam que não há nada, marca a viragem decisiva. Os primeiros referem-se a uma teologia da verdade e do segredo (de que faz ainda parte a ideologia). Os segundos inauguram a era dos simulacros e da simulação, onde já não existe Deus para reconhecer os seus, onde já não existe Juízo Final para separar o falso do verdadeiro, o real da sua ressurreição artificial, pois tudo está já antecipadamente morto e ressuscitado. (Baudrillard, 1991, p. 14)

É sobre um simulacro do real que agora passamos a vivenciar o mundo contemporâneo (ocidental) e a operar ante a perspectiva de translações, naquela leitura de Latour (1994). É como no relato *A outra morte*, do poeta argentino Jorge Luis Borges (2013), no qual a vida do personagem morto ganha novas nuances e já não se sabe se a fama que lhe precedia é ou não real; não interessa o morto, e sim a ideia que dele se fazia.

Portanto, a crítica de Baudrillard vai nessa direção, da produção de textos na contemporaneidade que nos fazem crer que eles são a própria realidade, quando de fato são produtos, que, por sua vez, são mais críveis que a realidade em si. Segundo o autor, isso acontece a todo o momento nas mais variadas esferas da vida social, na forma de discursos que fazem a realidade parecer inferior a sua representação. Para utilizar um exemplo do próprio Baudrillard, se Deus aparecesse hoje e não fosse parecido com a representação que fazemos dele, não o receberíamos tão bem, pois "seu encanto ter-se-á perdido" (Baudrillard, 1991, p. 133).

[5.2]
Um *outsider* denunciando a ciência de rigor

> Reinventa-se a penúria, a ascese, a naturalidade selvagem desaparecida: natural food, health food, yoga. Verifica-se, mas ao segundo nível, a ideia de Marshall Shalins, segundo o qual é a economia de mercado, e de maneira nenhuma a natureza, que segrega a penúria: aqui, nos confins sofisticados de uma economia de mercado triunfante, reinventa-se uma penúria/signo, uma penúria/simulacro, um comportamento simulado de subdesenvolvido (inclusive na adoção das teses marxistas) que, sob uma capa de ecologia, de crise energética e de crítica do capital, acrescenta uma última auréola esotérica ao triunfo de uma cultura exotérica. Contudo, talvez uma catástrofe mental, uma implosão e uma involução mental sem precedentes espreitem um sistema deste gênero, cujos sinais

visíveis seriam essa obesidade estranha, ou a incrível coabitação das teorias e das práticas mais bizarras, em resposta à improvável coligação de luxo, do céu e do dinheiro, à improvável materialização luxuosa da vida e às contradições que é impossível encontrar. (Baudrillard, 1991, p. 22)

Como dissemos na apresentação do autor, Baudrillard é considerado um antiacadêmico e não rejeitava o título (Amen, 2012; Machado, 2007). Nas obras do autor, percebemos uma busca da simplicidade, de uma teoria forte e refinada, mas que pudesse ser acessada por todos, muito combativa à política e à cientifização do conhecimento. Ao lermos seus textos, logo notamos esse distanciamento inovador de como apresentar o conteúdo científico, que já na forma tem indícios de uma pós-modernidade do pensamento, por assim dizer.

Acreditamos que detalhar essa postura científica nos aproxime mais do autor e, ato contínuo, nos ajude a compreender melhor suas teorias e de onde emerge sua postura como intérprete de um novo momento do pensamento das massas. Sem dúvida, a perspectiva de Baudrillard nos leva para um mundo de possibilidades na ciência, em um lugar no qual o ensaio tem relevância, como em todos os outros autores deste livro. No entanto, ele vai além disso: a particularidade inovadora se desdobra na forma produzir ciência, na forma de des-cobrir e de contar a "verdade" sobre o "objeto".

Se Derrida faz a crítica jogando com os padrões de linguagem (seus últimos livros são verdadeiros desafios à interpretação), ele o faz segundo um esquema que quer implodir ou do qual escapar. Baudrillard segue o mesmo esquema crítico, mas, enquanto a forma crítica de Derrida o alçava ao lado ou acima dos grandes cânones da ciência, a forma crítica de Baudrillard abria outros caminhos da compreensão do saber; ela levava este último em outra direção.

Notas de rodapé, citações-chave, tradução e utilização referenciada de conceitos, metodologia alinhada à epistemologia, tudo isso são requisitos de um bom material científico – efeitos de erudição e certificação –, mesmo que a matéria (o objeto) em si não tenha nenhuma inovação. O caminho da ciência requer citação aos pares, aos grandes mestres de área, ao pensamento eurocêntrico; são exigências para o bom trânsito nos corredores da Academia, assim mesmo, tudo no masculino.

Saber ler, saber citar e publicar é a receita para um cientista de sucesso. Baudrillard rompeu com essa lógica; não buscava a validação e, quando o fazia, não validava essa ou aquela epistemologia. Se servia como complemento na paisagem do pensamento, um poeta e um astrofísico compartilhavam o mesmo parágrafo. Assim Baudrillard não se enganava. Não existe verdade no singular que seja mais válida que outras verdades; é uma questão de nuance ou, para a ciência do *status quo*, de poder.

[5.3]
Simulacros, massa e hiper-realidade

Já podemos observar que Baudrillard assume a morte do real e a representação simulada deste se desdobrando na sociedade. Um problema marcado em sua leitura, e que talvez seja proposital, é que não há definição de que o real seja anterior ao seu oposto simulado.

O que é real não corresponde ao que os olhos desejariam ver, como se a realidade fosse aquela da lente de um fotógrafo que capta com luz natural e artificial uma interpretação da paisagem que o turista não encontra quando finalmente pisa no lugar de onde a foto foi tirada. Então, o real passa a ser menos real que sua representação. Eis o simulacro.

> Talvez só no espelho a pergunta possa ser colocada: quem, do real ou da imagem, é o reflexo do outro? Neste sentido pode falar-se do resto como de um espelho, ou do espelho do resto. É que, em ambos os casos, a linha de demarcação estrutural, a linha de partilha do sentido, tornou-se flutuante, é que o sentido (mais literalmente: a possibilidade de ir de um ponto ao outro segundo um vector determinado pela posição respectiva dos termos) já não existe. Já não há posição respectiva — desvanecendo-se o real para dar lugar a uma imagem mais real que o real, e inversamente — desvanecendo-se o resto do lugar atribuído para ressurgir do avesso, naquilo de que era o resto etc. (Baudrillard, 1991, p. 176)

O autor nos mostra que as fases da construção da imagem (simulacro) seriam estas: "ela [a imagem] é o reflexo de uma realidade profunda – ela mascara e deforma uma realidade profunda – ela mascara a ausência de realidade profunda — ela não tem relação com qualquer realidade: ela é o seu próprio simulacro puro" (Baudrillard, 1991, p. 13). Tal qual como podemos ver em Jameson (2006), portanto, a realidade em que atuamos socialmente é uma projeção de um tempo imaginado em algum lugar do passado; é mais, a própria noção de sociedade, como veremos na próxima seção, perde sentido diante das transformações da identidade produzidas pelas novas tecnologias e o rompimento da noção espaço-tempo (Giddens, 1990), que torna o social homogêneo, já não fazendo mais sentido pensá-lo como tal, senão como massa.

Mas voltemos à questão central que é o simulacro. Para Baudrillard, a ideia tem íntima relação com o rompimento das fronteiras econômicas promovidas pelo capitalismo. A nostalgia assume papel importante na ausência do real, como mencionamos há pouco, e o real mesmo é substituído por signos que lhe dão sentido (uma imagem, por exemplo), fornecendo ao imaginário coletivo uma (falsa) sensação de que o cotidiano é devedor do passado. Compreendido assim rapidamente pelo sistema de produção da vida material, acaba por produzir o real de maneira desenfreada e sem referencial: "assim surge a simulação na fase que nos interessa — uma estratégia de real, de neorreal e de hiper-real, que faz por todo o lado a dobragem de uma estratégia de dissuasão" (Baudrillard, 1991, p. 14).

Desse modo, para o autor surge a explosão entre a realidade e sua simulação, na forma de abstração ideal. Os modelos estão suplantando o real, como no caso do mapa e do território, da fotografia, da publicidade. Mais do que isso: nesse caso, o importante é não nos prendermos na metáfora de modo que ela nos aprisione. Os exemplos apenas servem para aludir a modelos epistemológicos e ontológicos das sociedades que representam modelos saudosos que nunca passaram de construção (Baudrillard, 1991, 1988; Jameson, 2006).

> Hoje a abstração já não é a do mapa, do duplo, do espelho ou do conceito. A simulação já não é a simulação de um território, de um

ser referencial, de uma substância. É a geração pelos modelos de um real sem origem nem realidade: hiper-real. O território já não precede o mapa, nem lhe sobrevive. E agora o mapa que precede o território — precessão dos simulacros — é ele que engendra o território cujos fragmentos apodrecem lentamente sobre a extensão do mapa. É o real, e não o mapa, cujos vestígios subsistem aqui e ali, nos desertos que já não são os do Império, mas o nosso. O deserto do próprio real. (Baudrillard, 1991, p. 8)

O que depreendemos disso é que o hiper-real vem agora suplantando mesmo o real idealizado, aquele do vazio epistemológico, da transição das sociedades feudais para as sociedades da modernidade clássica, a jovem burguesia que não vivenciou o processo de produção da economia nas cidades, mas que soube estabelecer os ritos de distinção do processo civilizatório. Depois, instaurada a nostalgia, o real é recriado (porque não experenciado) pelos artistas daquele período. Surge a paisagem rural imaginada e a vida urbana com ritos inventados. Mas de quem é a imagem que o espelho reflete?

Baudrillard sustenta que

A massa é sem atributo, sem predicado, sem qualidade, sem referência. Aí está sua definição, ou sua indefinição radical. Massa sem palavra que existe para todos os porta-vozes sem história. Admirável conjunção dos que nada têm a dizer e das massas que não falam. Nada que contém todos os discursos. Nada de histeria nem de fascismo potencial, mas simulação por precipitação de todos os referenciais. Caixa preta de todos os referenciais, de todos os sentidos que não admitiu, da história impossível, dos sistemas de representação inencontráveis, a massa é o que resta quando se esqueceu tudo do social. (Baudrillard, 1985, p. 7)

Isso se transpõe para todos os campos da ação social e vai moldando estruturas de pensamento. O campo científico também recebeu atenção de Baudrillard; ele mesmo era um *outsider* na Academia. Não existe sociedade separada de seu plano de imanência (Deleuze; Guattari, 2010), então sua arte, sua política e sua ciência lhe são devedores, emergem desse mesmo lugar, produto e produtora de múltiplas realidades. Baudrillard defende que as ciências buscam apreender o real, mas nesse mesmo movimento matam a realidade observada e produzem outras. Esse é o ciclo do conhecimento científico: produção de realidades e, quanto mais próximo do real, mais ele desaparece, em pedaços, esfacelado.

> O encarceramento do objeto científico é igual ao dos loucos e dos mortos. E da mesma maneira que toda a sociedade está irremediavelmente contaminada por este espelho da loucura que ela entregou a si própria, a ciência não pode senão morrer contaminada pela morte deste objeto que é o seu espelho inverso. Aparentemente é ela que o domina mas é ele que a investe em profundidade, segundo uma reversão inconsciente, dando apenas respostas mortas e circulares a uma interrogação morta e circular. (Baudrillard, 1991, p. 16-17)

Essa é a compreensão de grande parte dos autores que observam as nuances da ciência e a tomam como objeto de análise. É a conclusão a que chega Hannigan (1995) quando defende que a natureza não passa de uma produção da ciência moderna, uma criação cultural, portanto. Ou, como quando Latour (1994) afirma que cultura e natureza não são opostas, mas partes indissociáveis e interdependentes. Segundo Latour, a produção epistemológica de planos como cultura e natureza (razão pela qual operamos por dicotomias) gera na consciência a percepção de separação das coisas do mundo em câmaras, quando na prática essas coisas nunca existiram separadas. Para esse autor francês, constatada a não separação, evidencia-se o hibridismo dos entes da cultura e da natureza. Ao aproximarmos a lupa tentando separá-los em câmaras, produzimos mais híbridos. As crises atuais, nesse sentido, são crises do conhecimento.

Baudrillard detecta esse erro, que para ele gerou a produção das simulações, simulacros e hiper-realidades. Evidenciada a morte da ciência como ente de saber objetivo e como reveladora das verdades do mundo, descortinam-se também as estratégias conscientes e inconscientes de salvação romântica e pura da presença metafísica, que, de algum lugar no espaço-tempo, nos fornece esses modelos de realidade. O importante é olvidar que o real não é o real e resguardar os elementos que garantam o fundamento da realidade.

> Assim se gabam os Americanos de ter conseguido voltar a igualar o número de índios existente antes da Conquista. Apaga-se tudo e recomeça-se. Gabam-se mesmo de fazer melhor e de ultrapassar o número original. Será a prova da superioridade da civilização: ela produzirá mais índios que os que estes eram capazes de produzir. Com uma irrisão sinistra, esta superprodução é ainda ela uma forma de os destruir: é que a cultura índia, como toda a cultura tribal, baseia-se na limitação do grupo e na recusa de todo o crescimento

"livre", como se vê em Ishi. Há aí, pois, na sua "promoção" demográfica, mais um passo para a exterminação simbólica. (Baudrillard, 1991, p. 19, grifos do original)

Esse é o modelo de estrutura de pensamento que nos lança a um mundo muito próximo ao mundo real, porém mais real que ele porque melhor, mais colorido, com maior número de índios que a população original (real) poderia ter gerado. Isso deve ser compreendido na teoria do autor pelo que é: uma falha na estruturação do pensamento, que sufoca a realidade, cria uma representação autorreferenciada desse real, portanto no vazio (Jameson, 2006), e projeta hiper-realidades, mais interessantes que aquela representação. A fotografia que o "grande fotógrafo" faz sobre o mundo é o lugar onde queremos estar, porque é melhor que o mundo mesmo.

[5.4]
Sistema de sujeitos objetos e objetos sujeitos

Rapidamente gostaríamos de passar pela crítica da economia de Baudrillard, que se estende à crítica da sociedade ocidental (de massa, de consumo, de mídia). Vimos como, para o autor, o simulacro adquire um aspecto central nessa sociedade, não importando qual seja o seu referente. Se transpusermos essa questão de fundo para o mundo que funciona sob o domínio do sistema econômico capitalista, o autor afirma que, se "nós consumimos os produtos como produtos, nós consumimos o seu significado por meio da publicidade"* (Baudrillard, 1988, p. 10, tradução nossa).

Para Baudrillard, essa é uma importante característica dessas sociedades que transmutaram a ideia de tradição e de valores para um imperativo do consumo, em que o mais importante não é a agência do sujeito como produtor ou consumidor, senão o objeto como actante que gera o consumo e que determina o campo de forças nas relações sociais. Acompanhando o pensamento do autor, percebemos que a publicidade serve de instrumento perfeito para o mecanismo de controle na relação entre produção e consumo do capitalismo (Adorno, 2002; Baudrillard, 1988; Jameson, 2006).

> Assim, com a motivação planejada (*dirigée*), nos encontramos numa época na qual a publicidade assume a responsabilidade moral por toda a sociedade e substitui uma moralidade puritana por uma moralidade hedonista de pura satisfação, como um novo estado da natureza no coração da hipercivilização.[**] (Baudrillard, 1988, p. 12-13, tradução nossa)

Parece-nos que a leitura de Baudrillard se aproxima muito daquelas produzidas pela indústria cultural, de transformação

---

*   "If we consume the product as product, we consume its meaning through advertising" (Baudrillard, 1988, p. 10).

[**] "Hence, through planned (*dirigée*) motivation we find ourselves in an era where advertising takes over the moral responsibility for all of society and replaces a puritan morality with a hedonistic morality of pure satisfaction, like a new state of nature at the heart of hypercivilization" (Baudrillard, 1988, p. 12-13).

e comercialização da arte para fins de alienação. A obra de arte é deslocada, deixando de exercer seu sentido de catarse, fruição ou alimento do espírito, para ser lançada como engrenagem do sistema capitalista. Ela mesma passa a exercer um duplo: de um lado, um produto da ideia de consumo que pode ser comercializado como qualquer outro objeto; por outro, um mecanismo de incentivo para a produção de mais mercadorias.

Neste ponto, o passo adiante, ou a chave de leitura complementar que nos propõe Baudrillard, vem da noção de verdade como simulação e simulacro e, logo, da percepção de que o objeto como simulacro se transforma em sujeito na relação social, na medida em que não o adquirimos pela sua função, senão pelo que o objeto significa no campo de forças das relações sociais. É o que o autor nomeia como *ordem da significação*, decorrente da ordem de produção e do consumo (Baudrillard, 1988).

Para explicar como se estrutura essa transformação epistemológica na história do pensamento, o autor identifica três fases no desenvolvimento das sociedades (europeias, modernas, ocidentais) desde o Período Clássico: a falsificação, a produção e, por fim, a simulação. As fases assim pensadas nunca considerariam o real como verdade absoluta, mas, desde a modernidade clássica, o real seria uma falsificação do referente.

> Três ordens de simulação, paralelas às mutações na lei do valor, foram instituídas desde o Renascimento: 1) A falsificação é o esquema dominante da época clássica, do Renascimento à Revolução Industrial. 2) A produção é o esquema dominante da era industrial. 3) A simulação é o esquema dominante da atual fase da história,

regida pelo código. Simulacros da primeira ordem brincam com a lei natural do valor; aqueles da segunda ordem transitam na lei do valor das mercadorias; e aqueles da terceira ordem influenciam na lei estrutural do valor.[*] (Baudrillard, 1988, p. 135, tradução nossa)

Podemos analisar essa sequência estabelecendo conexão com algumas outras teorias para unir ideias: a etapa da falsificação pode ser pensada sob a análise da desestabilização dos relatos – ou seja, das estruturas seculares de conhecimento (Lyotard, 2009) –, em como a referência na noção de saber vai sendo deslocada ante as tensões geradas pelo sistema de linguagens denotativo e prescritivo científico-filosóficos e a decorrente percepção de sua ineficácia nas resoluções das demandas práticas de uma sociedade europeia em intensa transformação. Se analisarmos em retrospectiva, ainda podemos conectar essa ideia com a crítica de Khun (1996) acerca de como a ciência se constrói com base em paradigmas científicos.

A segunda fase é a já conhecida etapa da Revolução Industrial e o processo de formação da sociedade burguesa que Jameson (1996) nos apresenta como modernização incompleta.

Por fim, a última etapa seria a que estamos nos dedicando neste livro: o resultado de uma transformação histórica que originou o

---

*   "Three orders of simulation, parallel to mutations in the law of value, have succeeded one another since the Renaissance: 1 The counterfeit is the dominant scheme of the 'classical' epoch, from the Renaissance to the industrial revolution. 2 Production is the dominant scheme of the industrial era. 3 Simulation is the dominant scheme of the present phase of history, governed by the code. Simulacra of the first order play on the natural law of value; those of the second order play on the commodity law of value; and those of the third order play on the structural law of value" (Baudrillard, 1988, p. 135).

que chamamos de *cultura pós-moderna*, na qual se dá essa mutação a que Baudrillard (1988, 1991) se refere, acerca do deslocamento do conceito de valor de uso ou de troca das mercadorias, que dá lugar ao valor de significado do produto.

Nesse sentido, o estabelecimento de uma cultura que produz simulacros em um sistema econômico pautado na competição e na desigualdade social, por intermédio da indústria cultural, assegura uma estrutura de dominação por meio de signos como mercadorias, palavras de ordem, propaganda etc. A mídia de massa, nesse sistema que utiliza a arte e a cultura em seu benefício, no esquema ideologia e alienação, gera uma perda do referencial das identidades (Moreno, 2013; Thiry-Cherques, 2006).

Dessa maneira, "o vácuo social é atravessado por objetos intersticiais e acumulações cristalinas que rodopiam e se cruzam num claro-escuro cerebral" (Baudrillard, 1985, p. 6). Percebemos um realismo cético quanto a essa construção identitária nos textos de Baudrillard; é que, para ele, o culto aos objetos nada mais é que um sinal da cultura de massa que substituiu a noção de sociedade, que agora está imersa no obscurantismo midiático do qual já não se escuta sua voz (assim no singular), porque ela não tem o que clamar, é refém dos impulsos da publicidade e de um mundo de objetos.

[5.5]
E a sociedade, afinal de contas?

Em nossa leitura, grande parte das interpretações da teoria da pós-modernidade de Baudrillard (1988, 1991) não corresponde àquilo de que o autor está chamando atenção. Da maneira como vemos, ao tentar transpor os conceitos de *simulação*, *simulacro* e *hiper-realidade* para "realidades" cotidianas, aludindo às práticas e aos costumes, como comparação entre a propaganda e o objeto, como o que significam as palavras, a influência das tecnologias, os tempos e os hologramas, ou as representações, ocorre uma simplificação da obra do autor, sobretudo de *Simulacros e simulação*.

Ainda que esse seja o risco da interpretação alertado pelos analistas da linguagem, parece-nos que definitivamente o exemplo acaba sendo sempre um risco em seu ideal de simplificação e tradução. Também é certo que o próprio autor recorre, em todas as suas obras, a objetos similares, numa tradução de si mesmo, em busca de atribuir sentido empírico as suas análises. No caminho inverso à maioria dos comentadores de sua obra, entendemos que o real a que o autor se refere é a ideia de verdade, no sentido absoluto que trabalhamos até o momento. Esse ideal é depois substituído por uma ideia relativista ou perspectivista, que, aliada à publicidade, produz simulacros e hiper-realidades. É uma leitura da história de pensamento das sociedades.

Em síntese, podemos afirmar que a multiplicidade da análise de Baudrillard sobre as sociedades da modernidade clássica, como bom intérprete das teorias de Karl Marx e das sociedades do pós-guerra, o colocou no centro do debate da cultura pós-moderna. Isso revela um autor de grande erudição e versatilidade, o que, curiosamente, o elevou à referência da episteme contemporânea, mesmo na contramão de fazer parte desse lugar – pelo menos, não reproduzindo o mesmo *modus operandi*.

Suas reflexões nos levam a perceber nele um certo ceticismo, como já mencionamos, e uma profunda desesperança a respeito dessa sociedade que não sabe de onde vem a imagem de referência do espelho, que enxerga a si mesma e que é, por isso mesmo, dona de uma passividade que não merece crítica. Por outro lado, em termos políticos, o corpo social parece acender uma esperança.

Essa sociedade manifesta uma apatia que é ela mesma insuflada pelo poder, como afirma Baudrillard (1985). Para se manifestar a favor ou contra, a maioria silenciosa necessita também de um consentimento de quem tem a ilusão de estar no poder. Controle de quê? Sobre quem?

Para o autor, as sociedades ou as massas são um referente imaginário, não porque não existem, senão porque não é possível identificar alguma representação. Quem fala por elas? "As massas não são mais um referente porque não têm mais natureza representativa. Elas não se expressam, são sondadas" (Baudrillard, 1985, p. 13). Essas sondagens nada mais fazem que estabelecer modelos; só assim existe alguma compreensão. Não há representação das massas, ainda que a todo momento o objetivo seja dar-lhes voz por intermédio de sindicatos, do voto ou de qualquer expressão que a faça emergir e ter alguma aparência. Enfim, para manter algum tipo de controle, desses utilizados pelos meios de comunicação, por exemplo, é preciso entrar em acordo com essa grande abstração que se tornou o social. É preciso fazê-lo falar.

> A massa realiza esse paradoxo de não ser um sujeito, um grupo-sujeito, mas de também não ser um objeto. Todas as tentativas para fazer dela um sujeito (real ou mítico) deparam com uma espantosa impossibilidade de tomada de consciência autônoma. Todas as tentativas para fazer dela um objeto deparam com a evidência

inversa da impossibilidade de uma manipulação determinada das massas ou de uma apreensão em termos de elementos, de relações, de estruturas e de conjuntos. (Baudrillard, 1985, p. 18)

Baudrillard explica que a não possibilidade de representação do social é sua virtude em termos políticos. É um sistema confuso de controle que, ainda moderno, exerce controle político do social de modo representativo, mas numa representação impossível. O social desapareceu, deu lugar à massa, mas a massa navega à deriva, o que é péssimo para a manutenção do controle efetivo. Se transpusermos isso para a relação de sujeito e objeto que mencionamos nas páginas anteriores, regressaremos àquela impossibilidade da compreensão em separado dos dois, como se dispostos em câmaras.

Baudrillard explica que a massa não é possível de ser objetivada nem como corpo passível, massificado, nem como sujeito, porque é múltipla. O imperativo moderno de controle também é um simulacro, já que sugere a ilusão de domínio, mas o social nunca foi **o social**, e agora é menos ainda. Assim, "as sociedades que devotam suas energias para isso, que se lançam nesse sonho moral de socialização, estão perdidas de antemão. Este é o contrassenso fundamental. Felizmente elas sempre fracassarão, escaparão a si mesmas, o social não se estabelecerá" (Baudrillard, 1985, p. 53).

Síntese

Neste capítulo, vimos que Jean Baudrillard desterritorializa a ciência com suas observações sobre o passado histórico, sobre o legado da modernidade para a pós-modernidade, sobre como a influência dos meios de comunicação podem transformar os objetos em sujeitos na relação social, sobre como representamos uma realidade com uma representação vazia e sobre como preferimos viver um mundo construído pela publicidade no lugar do mundo real.

Indicações culturais

MATRIX. Direção: Lana Wachowski, Lilly Wachowski. EUA: Warner Bros. Pictures, 1999. 136 min.

O filme descreve um futuro irreal em que a realidade como a percebemos nada mais é que fruto de nossa interpretação falsa como sociedade humana, assim como nos explica Baudrillard. Um dado curioso é que, apesar de o filme ter sido inspirado na obra *Simulacros e simulação*, o filósofo rejeita a interpretação realizada pelas autoras.

RABELO, C. **O que são simulacros?** Disponível em: <https://www.youtube.com/watch?v=PNEToORBP4Q&t=607s>. Acesso em: 7 abr. 2020.

Nesse vídeo, o professor Claudio Rabelo oferece uma leitura interpretativa da obra de Baudrillard e tenta transpor os conceitos do autor para a realidade contemporânea.

Atividades de autoavaliação

1] Identifique o conceito-síntese com que Baudrillard interpreta a pós-modernidade.
   a) Capitalismo tardio.
   b) Metafísica da diferença.
   c) Simulacros e simulações.
   d) Deslegitimação da ciência.
   e) Desencantamento do mundo.

2] O que Baudrillard quer dizer quando afirma que vivemos um período de simulação?
   a) Que a modernidade nos tornou referentes estruturais, que são referências para o modo como vivemos, mas que agora já não representam o real, senão uma simulação deste.
   b) Que a internet provoca uma transformação radical entre realidade e virtualidade e se impõe sobre nossas vidas.
   c) Que o mundo real ganhou influência cultural e já não é mais natural como quando a cultura ainda não estava desenvolvida.
   d) Que as relações de confiança já perderam espaço e que simulamos nossa vida em sociedade.
   e) Que as relações entre a burguesia e o proletariado não são reais, já que se expressam de maneira dialética.

3] O que significa dizer que a pós-modernidade é hiper-real?
   a) Que a internet produz muitas realidades diferentes.
   b) Que desejamos mais as coisas na publicidade do que como elas são realmente.
   c) Que a mescla entre natureza e cultura tornou o real hiper-real.
   d) Que descobrimos que já não existe o real, e *hiper-real* é outro nome para *ilusão*.
   e) Que a hiper-realidade é exprimida pela noção de corpo e alma.

4] Que elemento é fundamental para entender a ideia de simulacro, de Baudrillard?
   a) Fotografias.

b) Filmes antigos.
c) Internet.
d) Nostalgia.
e) Natureza.

5] Qual é a concepção da ciência para Baudrillard?
a) A ciência que busca a verdade mata a realidade e produz outras realidades.
b) O conhecimento estrito pode salvar a noção de saber perdida na modernidade.
c) A ciência é desnecessária num mundo cibernético como o nosso.
d) A ciência e a tecnologia devem caminhar juntas para um maior desenvolvimento da realidade social.
e) A ciência de escritório é a única possível num mundo pós-moderno.

Atividades de aprendizagem

Questões para reflexão

1] Assista ao filme *Matrix* (veja as indicações culturais deste capítulo) e descreva alguns aspectos ali contidos que se demonstram em nossa vida em sociedade.

2] Na relação de produção e consumo do capitalismo, como a produção de mercadorias e sua publicidade, perceba como o objeto pode se transformar em sujeito. Relacione alguns produtos e suas características e demonstre que eles já não servem mais para o uso, mas, sim, como símbolo de algum *status* de grupo.

Atividade aplicada: prática

1] Vamos acessar algumas produções culturais consideradas "de época", como filmes antigos do cinema nacional e internacional que revelam formas e elementos de interação social.

Depois de assisti-los, elabore uma pequena resenha e identifique pontos de conexão do "real" representado no cinema e do "real" como o percebemos hoje. Essa questão nos ajuda a fundamentar e compreender o conceito de hiper-realidade.

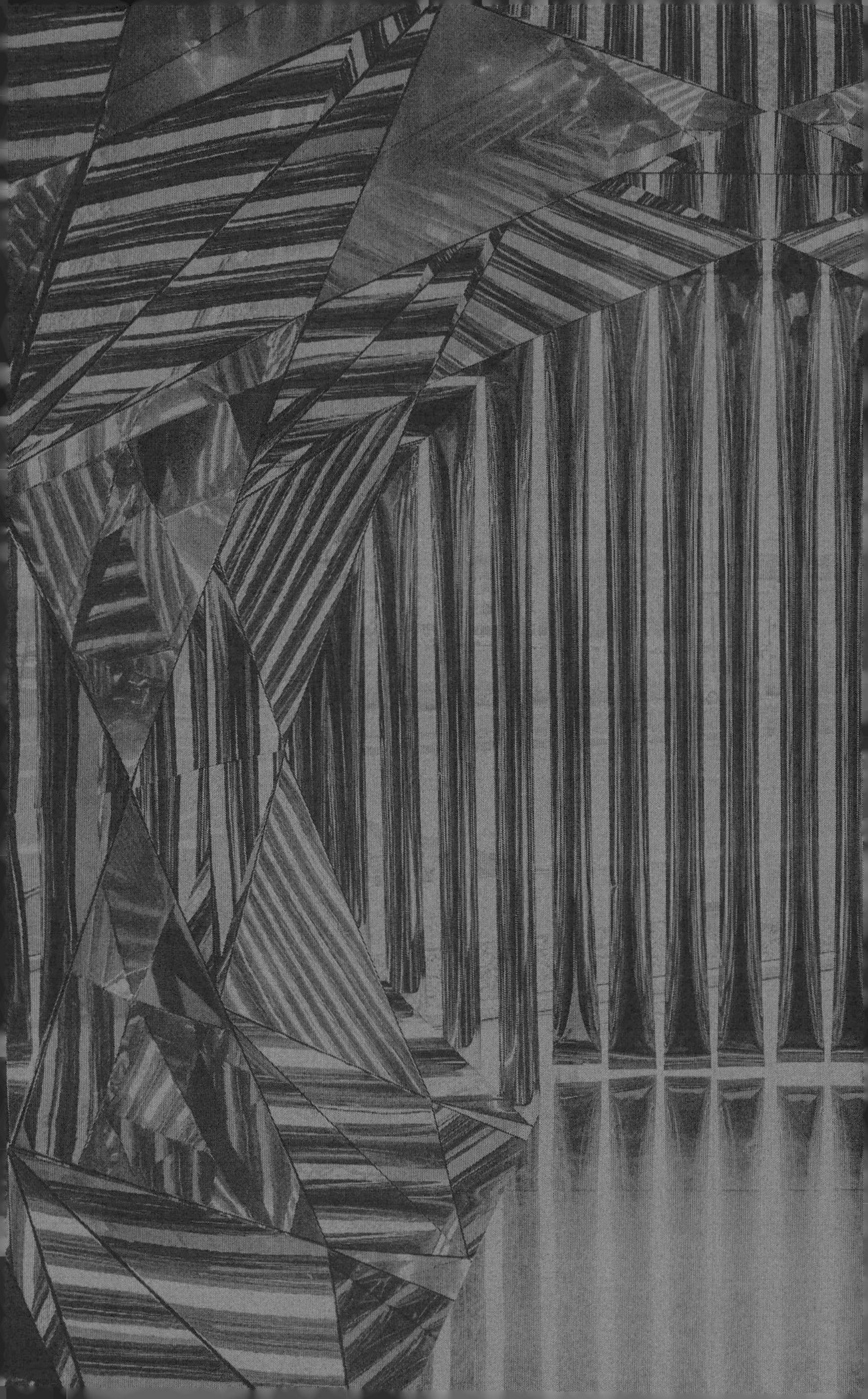

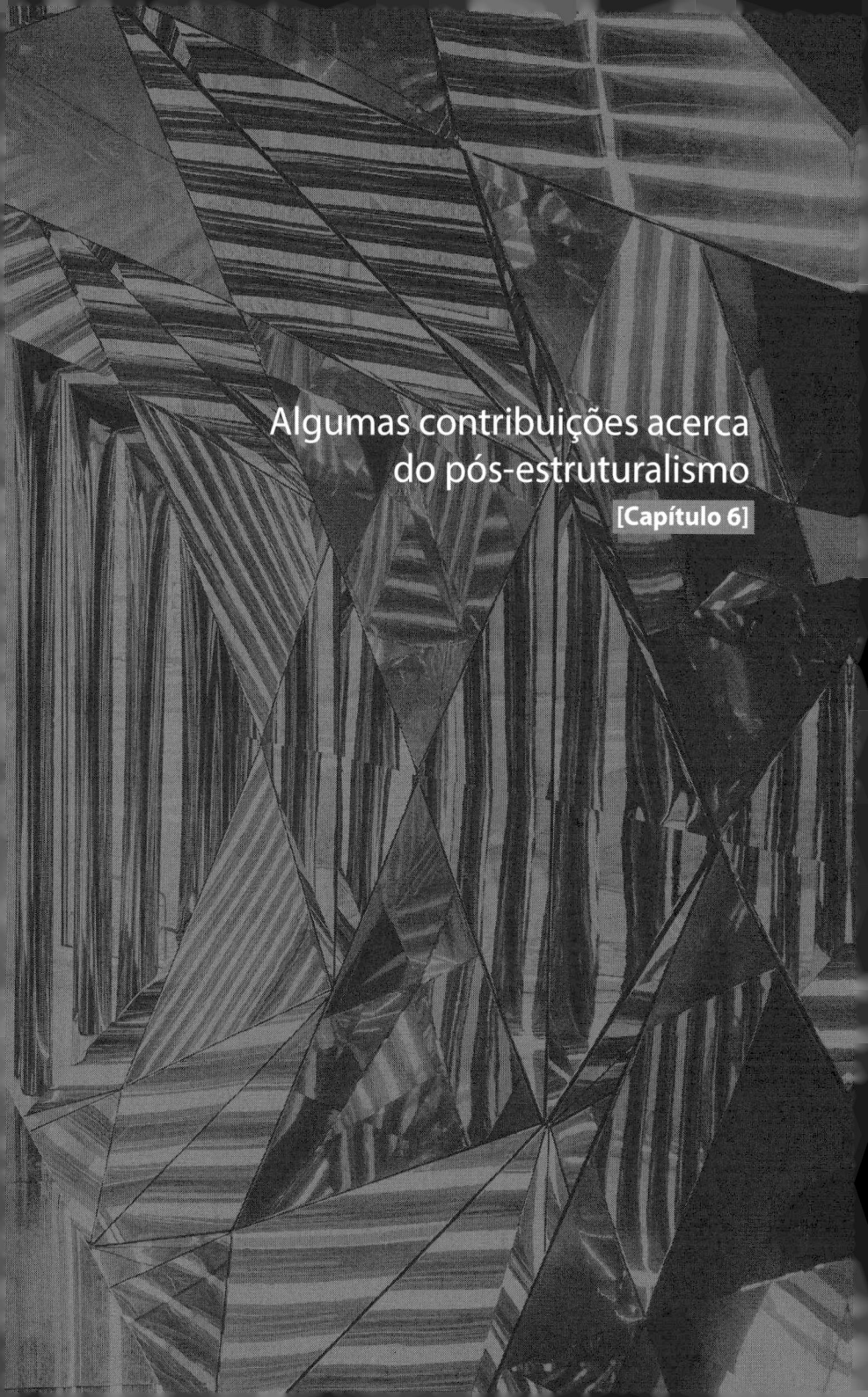

Algumas contribuições acerca do pós-estruturalismo
[Capítulo 6]

Neste último capítulo, vamos discorrer sobre algumas contribuições de aspecto epistemológico e metodológico da ciência pós-estruturalista. Não é nossa intenção esgotar o tema, tampouco as ideias dos autores e autoras que apresentaremos em busca de um encadeamento teórico.

Logo, nosso objetivo é prosseguir com o debate a respeito das posturas científicas e como podemos nos localizar diante delas em relação ao tempo e a nossos objetos de pesquisa. Assim, veremos apontamentos de autores como Bruno Latour (1947-), Tim Ingold (1948-), Isabelle Stengers (1949-), Gilles Deleuze (1925-1995), Feliz Guattari (1930-1992) e Arturo Escobar (1952-).

[6.1]
Introdução

De alguma maneira, quando nos propomos a pensar o pós-estruturalismo como corrente epistemológica, temos de tentar compreender o que de fato tal corrente pretende complementar, ou seja, o que é o estruturalismo e por que existe uma corrente com uma proposta de superá-lo. No entanto, antes de avançarmos por essas questões fundamentais, precisamos fazer alguns esclarecimentos.

Assim como o pós-modernismo não pode ser reduzido a todas as obras escritas a partir da segunda metade do século XX ou que se oponham à modernidade, tampouco ser relacionado a um autor ou a uma autora, o pós-estruturalismo não deve ser pensado como algo datado e homogêneo. Existem obras científicas e não científicas escritas no período histórico considerado como *moderno* que estabelecem uma conexão de pensamento ao relacionarem individualidade e totalidade ou mesmo cultura e natureza muito antes que pensássemos a própria modernidade.

Com essa reflexão, buscaremos, pois, caracterizar o estruturalismo em suas nuances e conexões com o pensamento moderno. Como ponto de partida, precisamos antes desconectar, do estruturalismo, o formalismo e as posturas tradicionais nas ciências sociais, que parecem ver nas relações sistêmicas um certo organicismo. Um exercício de pensamento analítico que se proponha estruturalista requer alguns elementos para sua realização.

Primeiro, estruturalismo não pode ser pensado no singular, já que sua análise exige reprodução do modelo em outras culturas. Também não podemos utilizar a palavra *estrutura* como conceito ou categoria, pois o argumento não foi construído desde o estruturalismo. Como citam Alves e Melo (2013, p. 199): "Não basta falarmos em estruturas, reconhecermos estruturas, operarmos estruturalmente, para sermos estruturalistas".

Se tivéssemos que associar um nome ao estruturalismo, sem dúvida seria o de Claude Lévi-Strauss (1908-2009). Etnólogo belga, dedicou a maior parte da sua vida à reflexão acadêmica na antropologia, com incursões em vários países, entre os quais o Brasil. O estruturalismo de Lévi-Strauss se abriu para duas posturas principais, segundo Thiry-Cherques (2006, p. 138):

O primeiro fundamentou uma das correntes filosóficas que animaram a segunda metade do século XX. O segundo irradiou sua epistemologia para os mais diversos campos das ciências humanas e sociais. Dentre esses campos figura o das ciências da gestão, entendida como compreendendo os estudos organizacionais e os estudos administrativos.

Pensar o estruturalismo de Lévi-Strauss implica pensar as condições de investigação e pesquisa teórica e seu momento. Refletir acerca do comportamento humano num momento de transição científica, advinda (ainda que não somente como vimos) daquela deslegitimação que é um dos argumentos de Lyotard para o fim da modernidade, se faz mister aqui. Portanto, vamos considerar um momento de consolidação e desestabilização de epistemologias e do surgimento de novas metodologias para alcançar com maior objetividade as singularidades dos fenômenos sociais.

A palavra *fenômeno* não é utilizada sem intenção. É interessante observarmos que Lévi-Strauss se utiliza de um modo de pensar a ciência de outro lugar, que emerge na filosofia e que posteriormente é absorvido por uma psicologia em formação e transformação, para dar conta das relações sociais e de outras racionalidades que compõem a vida, buscando um distanciamento da objetividade da razão. A fenomenologia surge como epistemologia e método objetivo para análise das subjetividades e peculiaridades das ações e relações sociais. Lembramos que a fenomenologia requer uma suspensão dos valores, da nossa atitude normal em face das coisas, para uma postura de estranhar o objeto, ou seja, suspender todo valor e conhecimento que se tinha dele para poder analisá-lo em sua essência.

Mesclada a essa postura fenomenológica, Lévi-Strauss encontra o estruturalismo de Ferdinand de Saussure (1857-1913), que estuda, segundo a linguística, a base estrutural. Esse pensamento, como já vimos rapidamente quando apresentamos Derrida, pretende ancorar a imagem que temos de um determinado objeto ao conceito que temos dele. No estruturalismo linguístico, portanto, os autores buscam reconhecer um sistema que as culturas produzem quando estabelecem a linguagem, do conceito à imagem acústica e à representação que parte desse ponto.

> Segue-se a uma observação inicial de que o estruturalismo tem a ver com linguagem e nada mais. Há estrutura onde há linguagem, e não onde haja coisas e mentes. O que isso significa é que precisamos de diferenças que aparecem na interação linguística entre significado e coisa, antes que possamos separar deles uma estrutura. De outro modo, poderíamos pensar em termos de coisas "enquanto tais" ou ideias "enquanto tais", sem termos de referir suas relações estruturais. (Williams, 2013, p. 87)

Logo, poderíamos pensar o estruturalismo com base numa "região simbólica que nada tem a ver com símbolos enquanto algo essencialmente conectado com que imaginamos e com o que percebemos" (Williams, 2013, p. 87). Essa definição exemplifica o que é a estrutura para Saussure, para que não confundamos com uma simples relação entre realidade e imaginação, nem sequer com a relação que se dá entre nossas mentes e os objetos, porque às vezes eles convergem, às vezes não. Saussure precisamente cita: "O signo linguístico une não uma coisa e uma palavra, mas um conceito e uma imagem acústica. Esta não é o som material, coisa puramente física, mas a impressão (*empreinte*) psíquica desse som, a representação que dele nos dá o testemunho de nossos sentidos" (Saussure, 1995, p. 80).

O que Lévi-Strauss toma dessa formulação é uma atividade inconsciente universal que subjaz às relações sociais, como uma estrutura dessas relações, que sirvam ao analista para constituir um sistema descritivo que possa ser generalizado a outras manifestações culturais. Esse exercício metodológico, que se impõe de uma mirada às estruturas, acaba revelando uma espécie de ideologia que sustenta o conceito que temos de algo e sua imagem acústica.

> O encontro entre subjetividades diferentes não se dá apenas nas instituições elaboradas inconscientemente, tendo em vista um fim intersubjetivo, mas tem a sua gênese na pertença delas a uma estrutura comum, e universalmente válida, da atividade inconsciente. Ora, segundo Lévi-Strauss, a tarefa da etnologia é justamente delinear os traços essenciais desta atividade, descobrindo aquelas leis universais que ligam sujeito com sujeito e sociedade com sociedade. E é sempre através do inconsciente que se realiza o paradoxo, peculiar à etnologia, de ser uma ciência objetiva e subjetiva ao mesmo tempo, pois as leis do inconsciente transcendem a dimensão subjetiva, são por assim dizer "externas" a ela e, ao mesmo tempo, só podem ser captadas no operar efetivo da subjetividade. (Bonomi, 1974, p. 120)

A tarefa de Lévi-Strauss, nesses termos, foi a de criar um modelo metodológico-analítico para as pesquisas de campo, muito de acordo com as discussões que emergiam, da confluência das ciências naturais com as ciências do espírito (o que hoje conhecemos como *ciências humanas*). Desse modo, o autor buscou estabelecer a objetividade da análise para identificar, no inconsciente social, a estrutura, atrelada àquela ideia formulada na linguística de Saussure, sem deixar escapar a objetividade própria das manifestações culturais. Esse estruturalismo pretendia revelar a permanência e a regularidade do corpo social, mas sempre operando por meio de diferenças (como vimos com Derrida, no Capítulo 3).

[6.2]
Humanos e territórios: uma rede de interação

O ponto de partida pode parecer simples, mas apresenta problemas de deslocamento epistemológico quando começamos a operar nos esquemas de pensamento que conectam pessoas e coisas num contínuo integrado. Philippe Descola (2016, p. 8) resume bem quando afirma que "a maior parte dos objetos que nos rodeiam, incluindo nós mesmos, encontram-se nesta situação intermediária: são naturais e culturais ao mesmo tempo". Dessa forma, a perspectiva é estabelecer, nesse pensamento, que já implica desterritorialização, um encadeamento de objetos, humanos e coisas que formem um eixo de compreensão para analisar as relações sociais.

Quando tratarmos de territórios, pensaremos na relação que criamos com eles, o todo social que só pode existir de um lugar no espaço. Juntam-se várias ciências com certa fenomenologia da vida social. Nesse sentido, os pés que pisam um novo território começam a territorializar, conhecer seus jogos sociais, seus dialetos e seus idiomas, suas estéticas, ou seja, todo o cultural que emerge da relação íntima com o natural. Logo, queremos compreender os movimentos de ação, suas territorializações e também as desterritorializações e reterritorializações.

Comecemos por conhecer a teoria ator-rede (TAR), do antropólogo francês Bruno Latour, que abrange uma noção que ele chama de *simetria*, no que diz respeito ao estudo dos objetos e dos humanos, da natureza e da cultura. Latour compreende a natureza como as coisas em si, escapando da classificação de coisas naturais, como árvores, e coisas construídas pela cultura, como um televisor (Latour, 1994, 2012; Latour; Woolgar, 1997).

> Por exemplo, quando Latour e Woolgar (1997) analisam a dinâmica de um laboratório científico e sua produção de fatos constatam as assimetrias da ciência na produção e elaboração desses fatos. Nesse livro apresenta uma discussão que envolve a crítica ao racionalismo da ciência, e também uma demonstração de que na prática humanos e não humanos estão em profunda conexão, e que só os separamos quando pensamos sobre eles. (Amaral, 2019, p. 55)

Para que possamos apresentar uma tradução breve daquilo que foi elaborado na obra *A vida de laboratório*, de Latour e Woolgar, vamos estabelecer um diálogo com a obra *Jamais fomos modernos*, na qual Latour (1994) demonstra a assimetria entre natureza e cultura em três eixos principais, que nos servem como esquema.

O **primeiro princípio de assimetria** ocorre quando analiticamente construímos e descrevemos nossos fatos científicos e somente o resultado aparece, mas nunca os erros no processo de construção da análise ou mesmo aqueles elementos e objetos que possibilitaram a experimentação (ou invenção) do fato científico comprovado. Nesse sentido, ao demonstrarmos um fenômeno específico, este só aparece como fato científico em sua etapa final, a qual venceu pelos acertos na formulação dos procedimentos, nunca pelos erros produzidos no processo de descoberta.

No **segundo princípio de assimetria**, Latour sugere que estudemos, em equilíbrio, a participação ou ação dos humanos e dos não humanos em qualquer interação social. Dessa maneira, o autor francês considera que, em qualquer interação analisada, devemos observar a existência de uma interdependência entre o que compõe o todo da relação: a parte da cultura, a parte da natureza (para Latour, a natureza compreende tudo aquilo que não é cultura; mesmo esta é um híbrido daquela) e a parte da cultura, dos humanos e dos objetos, já que os estudos sobre a sociedade desconsideram a presença da natureza (coisas em si) e que isso revela um contínuo entre elas no todo da ação (Latour, 1994).

> O mesmo princípio se encontra em Haraway (2009) quando utiliza a noção de ciborgues para descrever a junção de humanos com máquinas e produtos que ingerimos, sem os quais não sobreviveríamos. Lembro que essa discussão aparece indiretamente em Beck (1997) quando este trata da sociedade de risco, onde consumimos cada vez mais coisas sem dar conta nem de seus componentes, nem tampouco a origem desses. Aqui a noção de naturezas-culturas se mostra com mais clareza. (Amaral, 2019, p. 56)

O último e **terceiro princípio de assimetria** se refere à não distinção entre os ocidentais e os outros povos como objeto de estudos das ciências sociais. Nesse ponto, podemos afirmar que se abrem dois aspectos importantes na nova ciência social: o preconceito colonizador ocidental sobre o "selvagem" e a valorização de uma ciência que seja desenvolvida também fora da Europa. Assim, Latour realiza uma crítica das investigações que cientistas sociais realizaram nos trópicos, que ocorreu de maneira distinta dos estudos realizados em suas próprias sociedades, como se daí partisse a régua de normalidade e desenvolvimento – essa é a razão pela qual Latour e Woolgar (1997) fazem estudos em laboratório nos Estados Unidos, por exemplo.

Com a epistemologia que estamos mobilizando nesta obra, desconstruindo, como nos diria Derrida, procuramos propor uma relação direta com o pensamento centrado nos territórios, de modo a deixar a discussão melhor colocada, porque, às vezes, reproduzir a teoria não nos ajuda a compreendê-la, e esse é um problema central que nos acompanha durante todo o livro — a questão da interpretação. Nesse sentido é que Latour (1994) coloca a dúvida bem posta: a ciência serve para traduzir a realidade ou para transladar seu sentido, ou seja, para trair o seu significado?

[6.3]
Reflexão sobre um caminho metodológico

Assim, sugerimos uma discussão centrada na relação entre territórios e humanos (pois estes territorializam), afastando-nos um pouco dos estudos modernos e estruturalistas, que privilegiam o humano e esquecem da inter-relação com o território e as coisas que o constituem. Tais estudos modernos e estruturalistas se mantêm estritos à simples descrição literária de seus aspectos, como texturas ou formas, tamanhos e cores, representando parte daquilo que Escobar (2010) chamou de *colonialismo da natureza*.

Um caminho para demonstrar recursivamente como proceder, com base nesse pano de fundo epistemológico, é atentarmos para os métodos de investigação e análise, como o procedimento realizado por Lévi-Strauss. Acessamos uma vez mais Latour (1994), que nos fornece elementos preciosos – ainda que não exclusivos – para fazermos essa apreensão simétrica do objeto, ou seja, para que pensemos as interações (nosso objetos de pesquisa) de forma integral.

> Lembremos que para este autor [Latour] não existe distinção entre objetos e humanos, os dois são uma mistura heterogênea, e assim, estão conectados por redes, que variam do momento e intensidade. Com estas premissas, o autor enfatiza que se sigam os atores para verificar quais conexões estes executam. Me parece que dessa forma uma fotografia ou um aparelho celular pode conectar mais elementos para uma pessoa em certa fase da vida que em outra (imagino caminhar nos escombros de um terremoto e encontrar um porta-retratos e verificar quantas coisas ele conecta). (Amaral, 2019, p. 57)

Chegamos ao ponto em que Latour nomeia o fenômeno como *princípio de simetria generalizada* (o segundo princípio que descrevemos anteriormente), explicando e justificando porque, para ele, não existem cultura e natureza separadas, e, sim, naturezas-culturas

(Latour, 1994). Portanto, o social seria "uma rede heterogênea, constituída não apenas de humanos, mas também de não humanos, de modo que ambos devem ser igualmente considerados" (Freire, 2006, p. 45).

Quando dizemos, com Freire (2006), que a rede é heterogênea, é preciso ressaltarmos que não nos referimos a alguma semelhança com aquelas redes cibernéticas nas quais a informação parte de um ponto a outro, sem qualquer mudança ou alteração. Nessa proposta de Latour (1994), baseada na teoria ator-rede, as coisas acontecem de forma contrária; as informações percorrem como fluxos que interferem e sofrem interferências incessantemente (Freire, 2006; Latour, 1994).

Com isso, queremos afirmar que, a todo momento, essas redes heterogêneas cultura e natureza (humanos e não humanos) vão se transformando e conectando cada vez mais pontos. Uma assembleia, por exemplo, não é constituída somente por pessoas; existem os propósitos e as motivações, os símbolos e os signos que as representam, cada um com sua importância para a relação analisada, e isso é uma decisão do analista. Latour (1994) nos desafia com uma pergunta interessante: estaria Deus ausente na reunião de pessoas que frequentam as igrejas? Alguém que se coloque como analista dessa perspectiva pós-estruturalista deve considerar outros elementos além das relações e das estruturas que percorrem sorrateiramente por debaixo delas. Precisa levar em conta a importância das coisas e dos objetos, dos materiais e dos imateriais, aspectos que realmente são significativos para que compreendamos uma relação.

Portanto, a simetria nos serve para ampliar e esclarecer como conhecemos o conceito de *natureza*, e isso se transforma no tema central da proposta pós-estruturalista. Lembremos: essa mudança de compreensão nos lança a pensar o mundo e suas conexões, por isso surgem daí os estudos feministas e pós-coloniais. Latour cita objetos, ou conexões híbridas, ou quase-objetos, ou quase-humanos (nesse sentido, podemos pensar no modo como Haraway se refere aos ciborgues). No entanto, vamos verificar algumas variações de categorias e elementos que nos ajudem a pensar a ideia de simetria.

Nessa mesma direção, outra perspectiva epistemologicamente similar à de Latour surge das formulações de Ingold. Entre os dois, podemos supor a existência de tensão de campo de conhecimento, que deve ser especialmente considerada quando pensamos o método. É importante ressaltarmos que, para Ingold, diferentemente de Latour, o conceito de *natureza* deve ser considerado como fonte de vida e de nascimentos, que são propiciados a cada conexão, a cada relação, diríamos sociologicamente. Latour percebe a importância da árvore nas interações humanas em defesa da árvore, talvez mesmo ela fosse ator central se utilizássemos esse arcabouço teórico. Para Ingold, a questão se volta para a vida manifestada na árvore, as relações que ela estabelece, o modo como a árvore está presente no mundo, com seus múltiplos atores.

> Para compreender esta noção de nascimentos, deve-se apreender o movimento que este autor [Ingold] executa em suas análises. Ingold refuta fortemente a utilização latouriana do termo *objetos*. Para ele, não existem objetos e sim, cada coisa deve ser concebida

como um "parlamento de fios". O autor se apoia em Heidegger ao sugerir que conceitualmente o termo "coisa" conversa melhor com seus pressupostos. (Amaral, 2019, p. 58)

Para Ingold, a coisa (pensemos nossos objetos, as relações pelas quais estamos interessados) "é um 'acontecer', ou melhor, um lugar onde vários aconteceres se entrelaçam" (Ingold, 2012, p. 29). Portanto, revela-se um olhar que se volta para as relações presentes no objeto de modo diacrônico. Talvez, a passagem seguinte ilustre essa definição de modo mais preciso e nos ensine como podemos interpretar a sociologia das coisas, o que emerge dos não humanos, pensando uma metodologia de ciência que, como já foi defendido, busca estabelecer uma certa reunião das coisas do mundo (Ingold, 2012; Latour, 1994).

> Suponhamos que nos concentremos numa árvore qualquer. Lá está ela, enraizada na terra, seu tronco se erguendo e seus galhos se abrindo, balançando ao vento, com ou sem brotos ou folhas, dependendo da estação. A árvore é um objeto? Em caso positivo, como a definiríamos? O que é árvore, e o que é não árvore? Onde termina a árvore e começa o resto do mundo? Essas não são questões fáceis de responder – ao menos não tão fáceis como parecem ser no caso dos móveis no meu escritório. A casca, por exemplo, é parte da árvore? Se eu retiro um pedaço e o observo mais de perto, constatarei que a casca é habitada por várias pequenas criaturas que se meteram por debaixo dela para lá fazerem suas casas. Elas são parte da árvore? E o musgo que cresce na superfície externa do tronco, ou os liquens que pendem dos galhos? Além disso, se decidimos que os insetos que vivem na casca pertencem à árvore

tanto quanto a própria casca, então não há razão para excluirmos seus outros moradores, inclusive o pássaro que lá constrói seu ninho ou o esquilo para o qual ela oferece um labirinto de escadas e trampolins. Se consideramos que o caráter dessa árvore também está em suas reações às correntes de vento no modo como seus galhos balançam e suas folhas farfalham, então poderíamos nos perguntar se a árvore não seria senão uma árvore no ar. (Ingold, 2012, p. 28-29)

Neste ponto, talvez caberia perguntarmos sobre a importância da árvore (para permanecermos no exemplo):

E o analista social ainda argumentaria: tudo bem, a árvore não é só ela mesma, mas como ela influencia na vida do ator ou agente social? Ou, qual a importância da árvore naquele movimento de pessoas que defendem tal posição política? Bem, de fato, e pensando com Ingold, se a árvore não for o centro da ação política, pensando desde a perspectiva estruturalista (seria melhor dizer moderna) ela não tem importância alguma. Ela passa a ter importância – e ficando no exemplo corro riscos de não me fazer claro – se se conceber a perspectiva de conexão e ligação com todas as coisas. É pensar na inspiração e significado que algo (uma coisa!) possa ter com aquele que com ele age, na produção de significados, na presença fundamental, e quais coisas ela agencia. Por exemplo, na abertura de Jamais fomos modernos de Latour (1994), o ozônio mobiliza os cientistas, os políticos, os ambientalistas, economistas, publicitários, engenheiros, a própria terra ou o sol. (Amaral, 2019, p. 59)

Dessa maneira, em Ingold (2015), existe uma crítica à noção de modos de vida como manifestados exclusivamente pelas distintas culturas, segundo a concepção de que os humanos transformam seu ser social conforme as capacidades de transformações que possam ser feitas em seu ambiente. O autor cita ainda que essa é a contradição fundadora do edifício do pensamento social, como vimos na introdução deste trabalho. Percebem o que se insere aqui? É uma denúncia que surge de outra matriz epistêmica e que este livro repetidamente busca alertar: cada autor, a sua maneira, de modo mais sensível ou mais radical, aponta para essa "falta" advinda da ciência moderna. O ambiente nos fornece sempre condição de possibilidade que se nos apresenta em cada relação. Por esse motivo,

> vários não humanos contribuem, em ambientes específicos, não apenas para o seu próprio crescimento e desenvolvimento, mas também para o desenvolvimento dos seres humanos. Segue-se que a vida social humana não é dividida em um plano separado do resto da natureza, mas faz parte do que está acontecendo em todo o mundo orgânico. (Ingold, 2015, p. 38)

Dessa maneira, a produção integrada entre agente humano e território pode ser também pensada segundo o conceito de enação do autor chileno Francisco Varela (1988). Para ele, a enação se dá onde humano e não humano estão em constante interdependência ou, melhor, onde as experiências de vida são uma relação circular mundo-sujeito (Sade, 2009). Novamente, parece-nos essencial regressar à obra de Latour para pensarmos essa relação entre sujeitos e o mundo. Na passagem a seguir, Latour apresenta um argumento que questiona indiretamente o pensamento de Heidegger desenvolvido na obra *Ser e tempo*, especificamente os conceitos de *ser* e *ente*. Sobre o pensamento de Heidegger, Latour questiona:

> Quem esqueceu o Ser? Ninguém, nunca, pois caso contrário a natureza seria realmente "vista como um estoque". Olhem em volta: os objetos científicos circulam simultaneamente enquanto sujeitos, objetos e discurso. As redes estão preenchidas pelo Ser. E as máquinas estão carregadas de sujeitos e de coletivos. Como é que o ente poderia perder sua continuidade, sua diferença, sua incompletude, sua marca? Ninguém jamais teve tal poder, senão precisaríamos imaginar que fomos verdadeiramente modernos. (Latour, 1994, p. 65)

Portanto, é dessa forma que, quando pensamos relacionar a teoria com o conceito de *território*, analisamos a enação ou a participação ativa e circular que são a ponte entre sujeito e mundo considerando a presença das coisas e dos objetos. No que se segue, vamos nos aproximar com maior acuidade do conceito de território e seus movimentos.

[6.4]
(des-trans-re) Territorializações

Da maneira como encaminhamos a discussão até o momento, vamos percebendo uma mudança no modo como diferentes posturas científicas observam o mundo, da razão e produtividade da ciência moderna à técnica e um mundo sem verdades vivenciado pela pós-modernidade, ou de uma explosão dos conceitos e referenciais que orientam e estruturam nossas vidas com base numa noção pós-estruturalista. É claro que essas definições rápidas não determinam as diferentes epistemologias que buscam explicar o mundo, ao contrário, simplificam muito, mas servem para que nos orientemos a partir delas para analisarmos cada um desses momentos do pensamento.

Estamos, assim, mais preparados para apresentar a perspectiva territorial. Nos territórios, desenvolvem-se as relações sociais da maneira como entendemos na sociologia clássica. Porém, segundo o caminho teórico já percorrido até aqui, podemos redefinir essa concepção. Para contemplar a simetria entre humanos e coisas, poderíamos nos referir às relações não somente como sociais, como estamos fazendo, mas também podemos incorporar as coisas. Logo, teríamos não mais relações sociais, e, sim, relações socioambientais.

Ainda podemos pensar o território como espaço e agente de interação, como um socioambiente. Quando analisamos um problema de pesquisa sob o pano de fundo pós-estruturalista, buscamos pensar a relação sempre num processo recursivo, entre territórios e humanos. Essa noção faz com que analisemos a vida segundo processos de interdependência. Temos que desterritorializar antigas estruturas de pensamento e incorporar novos territórios.

Seguiremos com as reflexões de Deleuze e Guattari (1992), para quem a ação de saída de um território físico ou que pertence às esferas do sentir ou do saber é sempre relativa se esse movimento (territorialização) não for integrado. Significa que consideramos, nesse caso, tais movimentos pelos territórios somente quando isso envolva operações nem sempre cômodas de incorporação em novos códigos de sentido espaciais. A essa integração de lugar e de suas formas de ser, referimo-nos como *territorialização absoluta*, uma corporificação circular mundo-sujeito, como vimos.

Essa corporificação circular ou territorialização absoluta (já que não é só física) é o próprio trânsito entre os múltiplos **planos de imanência**. Desse modo, quem deixa um território conhecido e ingressa em outro espaço físico e social, com códigos e receitas igualmente distintas, vai paulatinamente sendo levado a corporificar experiências de mundo e interpretar e reproduzir novos códigos.

Agimos de acordo com códigos disponíveis, aos quais vamos incorporando novas experiências no mundo. Temos um território que disponibiliza elementos que nos constituem, e isso implica pensar a colonização do pensamento, suas matrizes e suas estruturas políticas e linguísticas que nos envolvem. Analisamos e conceituamos o mundo a nossa volta, mas antes disso absorvemos de modo inconsciente esse mesmo mundo.

> O conceito é o começo da filosofia, mas o plano é sua instauração. O plano não consiste evidentemente num programa, num projeto, num fim ou num meio; é um plano de imanência que constitui o solo absoluto da filosofia, sua **Terra ou sua desterritorialização, sua fundação, sobre os quais ela cria seus conceitos**. Ambos são necessários, criar os conceitos e instaurar o plano, como duas asas ou duas nadadeiras. (Deleuze; Guattari, 1992, p. 58, grifo nosso)

De acordo com as palavras de Deleuze e Guattari, percebemos como categorizações e conceitos emergem de uma certa gama de receitas socioambientais e que são fruto da experiência; a isso os autores chamam de *plano de imanência*, que, por sua vez, deve ser considerado como um solo fértil de criação de pensamentos. Tal plano demanda a atitude do pensamento consciente e inconsciente e, nesse caso, pensar é possibilidade de mover-se e desterritorializar-se.

> É claro que quem nos lê vai entender que não podemos ficar presos à abstração filosófica, com a profundidade que a reflexão exige. Não estamos propondo que deslocamento seja igual a pensamento. Nossa proposição já foi assinalada, ou seja, é pensar que aquele que se desloca, deixa seu território, seu mundo físico que lhe impôs corporificações e ingressa em novos territórios que em relação demandam novos códigos, receitas (SCHUTZ, 2010), translações; desterritorializa fisicamente e também no pensamento, mas não sem reterritorializar. (Amaral, 2019, p. 61)

A proposta geofilosófica de Deleuze e Guattari, portanto, passa por esse ponto. O que sugerimos é refletir sobre esse conjunto das relações, esse entrelaçamento de territórios geográficos, movimentos humanos. Seria também possível pensarmos um deslocamento das relações com o mundo, porque "a desterritorialização absoluta não existe sem reterritorialização" (Deleuze; Guattari, 1992, p. 131). Logo, a desterritorialização emerge como um processo que vai do território a terra "e que faz com que o primeiro se abra a um alhures; e a reterritorialização, processo que leva a terra a refazer território. Tal relação entre território e terra percorre todas as sociedades humanas: grupos linhageiros primitivos, estados imperiais, cidades gregas etc." (Santos, 2013, p. 44).

Por isso, Deleuze e Guattari (1992) refletem sobre esse lugar no qual o pensamento surge e o pensam como um solo fértil do qual tudo emerge. O plano de imanência é um movimento, um fluxo caótico, diriam os autores, que só pode ser parado quando se estabelecem conceitos a partir dele (justamente porque é quando se começa a pensar sobre ele). Assim, existe uma conexão com aquilo que tantos pensadores do pós-estruturalismo destacam e que nos parece ser originário dessa ciência. Latour, por exemplo, assinala que vivemos a vida cultural com as coisas da natureza, com os humanos e com os objetos. No entanto, quando nos colocamos a analisar o que de fato fazemos e como vivemos, separamos natureza de um lado e cultura de outro.

O plano de imanência se refere a todas as concepções que temos, àquilo que anteriormente reservávamos às diferentes culturas no tempo e no espaço. São muitos os planos porque há muitas alterações na história (Deleuze; Guattari, 1992; Santos, 2013).

> Dessa forma quando estamos em um lugar, ele nos incorpora e estamos incorporados a ele, no pensamento e fisicamente, conhecemos os códigos de relação, tanto sociais quanto naturais, ou seja, sabemos o que piscar os olhos significa em nosso território, mas também sabemos quais objetos e habilidades precisamos para percorrer este espaço. Quando nos movemos, estas coisas também se movem, os territórios de partida e chegada se transformam, e o corpo necessita reterritorializar aí, mas também o pensamento. É nesse movimento que "[...] o horizonte relativo se distancia quando o sujeito avança, mas o horizonte absoluto, nós estamos nele sempre e já, no plano de imanência [...]" (DELEUZE & GUATTARI, 1992, p. 54). (Amaral, 2019, p. 61-62)

O antropólogo colombiano Arturo Escobar (2014) nos ajuda a pensar essa relação circular e de inseparabilidade entre humanos e territórios. O autor refere-se a um movimento ontológico, e não mais epistemológico, como fazem os autores que discutimos até o momento. Escobar, talvez de um modo mais próximo a Ingold, propõe refletir não só sobre a presença, mas também sobre o ser das coisas e dos objetos, a ação profunda daquilo que não é humano. Escobar se insere mais num movimento pós-colonial, e ainda assim se faz pertinente apresentar rapidamente sua ciência nesta obra, já que considera as cosmologias de povos latinos (escapando do norte, do centro, da globalização), os espaços animados e a influência e união de céus, montanhas, lagos e humanos.

> Nestas ontologias, os territórios são espaços-tempos vitais de toda comunidade de homens e mulheres. Mais que isso, também são espaços-tempo de inter-relação com o mundo natural que circundam e é parte constitutiva deste. Ou seja, a inter-relação gera cenários de sinergia e de complementaridade, tanto para o mundo de homens e mulheres, como para a reprodução de outros mundos que circundam ao mundo humano.[*] (Escobar, 2014, p. 104, tradução nossa)

---

[*] "En estas ontologías, los territorios son espacios-tiempos vitales de toda comunidad de hombres y mujeres. Pero no solo es eso, también son los espacios-tiempos de interrelación con el mundo natural que circundan y es parte constitutivo de este. Es decir, la interrelación genera escenarios de sinergia y de complementariedad, tanto para el mundo de los hombres--mujeres, como para la reproducción de los otros mundos que circundan al mundo humano" (Escobar, 2014, p. 104).

O que estamos apresentando como perspectiva analítica e metodológica para pensar essa ciência requer que lembremos que pensar o socioambiente não nos exime de seguir o rigor metodológico. Significa que, para melhor compreensão, é preciso retomarmos o pano de fundo da teoria ator-rede, proposta por Latour (1994, 2012), em que os objetos e as coisas têm um parlamento e, portanto, podem ser chamados de *quase objetos*, assim como os humanos podem ser concebidos como *quase humanos*, na proposição de falta abissal (uma fratura?) que a teoria simétrica pretende restabelecer ou reagregar: "Jamais saberemos se os cientistas traduzem ou traem. Jamais saberemos se os políticos traem ou traduzem" (Latour, 1994, p. 141).

Pensemos, pois, a multiterritorialidade proposta por Haesbaert (2004), que a estabelece como a capacidade dos sujeitos – na modernidade – de conciliar múltiplos territórios, ou seja, muitos campos de poder (múltiplos socioambientes) e em íntima e profunda relação com o território físico ou virtual. É essencial assinalarmos que a definição parte da conceituação forjada por Yves Barel, para quem o território é essa junção: "o não social dentro do qual o social puro deve imergir para adquirir existência" (Barel, 1986, p. 131, citado por Haesbaert, 2004, p. 11). Trata-se, portanto, de imersão para adquirir existência, para participar dos jogos do mundo, dos jogos de força, das conexões determinadas e determinantes sob as quais podemos estabelecer nossos fluxos de vida.

Essa definição de território acaba por amarrar todas as sínteses que apresentamos e que procuramos de alguma forma relacionar. Conectamos algumas ideias para chegar a um ponto que contempla de uma só vez dois movimentos: de um lado, uma linha que nos distancia do colonialismo da ciência dualista e, de outro, uma linha que nos afasta (ainda que timidamente) do colonialismo cultural (Amaral, 2019). Podemos retomar tais ideias no pensamento desenvolvido por Escobar sobre o território latino-americano, com intenções claras de problematizá-lo por um distanciamento com o pensamento moderno. Conforme vimos, ao que Latour e Ingold vão denominar *rede* e *malha* respectivamente, Escobar chama de *ontologia relacional*.

Nesse sentido, poderíamos nos referir, sem incorrer em redundância de sentido, à pluralidade da diversidade – *pluriverso*: de culturas, etnias, ideias, gêneros, territórios etc. Esse pluriverso de territorialidades que emana dessa consideração ontológica que propõe Escobar, com relação ao ser das coisas, e que se manifesta em todos os lugares, que poderia ser uma definição das **multiterritorialidades**, pode ser relacionado em síntese com o que Escobar define como **territórios de diferença**. Integramos, portanto, as malhas do sociocultural e os territórios e seus diferentes processos de (des-trans-re) territorializações.

> Então é aí precisamente onde este texto se coloca, não como teoria explícita e presente que pretende re-ligar natureza e cultura por meio da interpretação, esse movimento é muito mais de fundo, muito mais solo de onde ele brota, e entretanto, na valorização do território interagindo nas decisões e motivações do deslocamento. Então aqui a discussão em torno dos termos natureza e cultura ganha como pano de fundo epistemológico a presença da terra mas também ontológico na valorização dos modos de ser latino americanos, buscando escapar de uma tal determinação capitalista ocidental. (Amaral, 2019, p. 65)

É perseguir esse diálogo entre materialidades e subjetividades que constitui o território plural e não estático, ao contrário, fluido e vivo, que respira e se modifica, de acordo com suas resistências, sujeições, transgressões e resignações, na tensão sempre presente entre o desenvolvimento moderno imposto pela globalização e pelos imperialismos discutidos por Said (2011). Ficam evidentes as aceitações aos abusos colonizadores impostos aos indivíduos e seus lugares de um modo difícil de entender, mas também se verificam movimentos de libertação e reivindicação de valorização e respeito as suas formas de existência (Escobar, 2010, 2014).

Por fim, podemos afirmar que estamos pensando nessa desterritorialização física e suas motivações e, ao mesmo tempo, não perdemos de vista a desterritorialização de suas reflexões, a desestabilização de suas receitas quando se deslocam. "É que não pensamos sem nos tornarmos outra coisa", afirmam Deleuze e Guattari quando mencionam o trânsito do plano daquele que se desloca e que é impelido a desterritorializar, incorporar, fazer parte de um outro lugar, ou "algo que não pensa, um bicho, um vegetal, uma molécula, uma partícula, que retornam sobre o pensamento e o relançam" (Deleuze; Guattari, 1992, p. 59).

[6.5]
Conectando ideias

Temos muito ainda que discutir e de novo: cada capítulo deste livro poderia ser debatido num livro específico. Portanto, não pretendemos alcançar todas as vertentes ou ideias, mas sim apontar algumas direções a partir de um caminho construído pensando em quem lê e nos nossos próprios interesses. Trata-se de pensar a ciência social, seus momentos de produção e algumas correntes que se estruturaram segundo a ideia de pós-modernidade.

Em algum momento, comentamos que o pós-estruturalismo nasceu de uma falta e que buscava trazer novamente para a ciência o que foi esquecido. Por isso, abordamos a simetria, o plano de imanência, o habitar, as territorialidades, as coisas, os objetos, as naturezas e as culturas. Para Stengers (2017, p. 8), precisamos reativar:

> Reativar significa reativar aquilo de que fomos separados, mas não no sentido de que possamos simplesmente reavê-lo. Recuperar significa recuperar a partir da própria separação, regenerando o que a separação em si envenenou. Assim, a necessidade de lutar e a necessidade de curar, de modo a evitar que nos assemelhemos àqueles contra os quais temos de lutar, tornam-se irremediavelmente aliadas. Deve-se regenerar os meios envenenados, assim como muitas de nossas palavras, aquelas que – como "animismo" e "magia" – trazem com elas o poder de nos tornar reféns: você realmente acredita em...?

A discussão da agência territorial vem da crítica realizada por alguns autores a uma ruptura no nosso sistema de conhecimentos, que instaurou uma separação no modo como pensamos o mundo (sujeito e objeto, feminino e masculino, preto e branco). A proposta que se formula, então, para escapar dos processos dicotômicos do pensamento visa não retomar ou retornar ao passado, num sentido romântico, mas, sim, recuperar o mundo, naquele sentido em que Stengers emprega o termo *reativar*. Nesse ponto, Latour (1994) demonstra que ciência e política na prática falam de um mesmo lugar e que os objetos (termo do autor) participam ativamente nas ações humanas. Por isso, Latour utiliza o termo *híbrido*, que é sua maneira de reativar o conhecimento e demonstrar que não existe pureza na separação, somente naturezas-culturas ou, nos termos de Ingold (2015), um **ambiente sem objetos** (ASO)*.

Anteriormente, mencionamos o modo como construímos o pensamento e citamos que existem teorias que buscam outra forma de produzir o conhecimento. A essa nova maneira, na qual ainda estamos imersos como se ela fosse uma cicatriz em nossas biografias, Deleuze e Guattari chamam de *plano de imanência*, ou seja, pertencemos a um plano no sistema de conhecimento, que é um solo fértil no qual se inscrevem as ideias e os conceitos que criamos, sempre a partir dele. Dizem os autores que, "se a filosofia começa com a criação de conceitos, o plano de imanência deve ser considerado como pré-filosófico. Ele está pressuposto, não da maneira pela qual um conceito pode remeter a outros, mas pela qual os conceitos remetem eles mesmos a uma compreensão não conceitual" (Deleuze; Guattari, 2010, p. 51).

Assim, o plano é a base com a qual pensamos. Trouxemos a discussão da imanência porque, de algum modo, as questões de território e de trânsito, a expropriação dos territórios e as migrações entre fronteiras (o que estamos chamando de *desterritorialização*) são decorrentes de um período histórico que conhecemos como *modernidade*. Dela derivam a dicotomia do pensamento,

---

*   Ingold se opõe ao termo *objeto*, em vista da passividade com que pode ser tomado, e emprega em seu lugar a palavra *coisa*.

como vimos, gerando problemas no modo como conhecemos e reproduzimos o conhecimento, mas também um problema de gestão econômica, que culmina na comercialização real e simbólica de seres humanos e coisas entre fronteiras (Mignolo, 2015). Essa dupla colonização do pensamento, a do plano de imanência e a do acometimento e exploração de sujeitos, etnias, territórios e nações, é entendida neste texto pela perspectiva do socioambiente.

O questionamento do pensamento moderno nos abre duas perspectivas: a do pensamento pós-colonial e a do pensamento pós-estruturalista. O primeiro é o que chamamos de *moderno*, de uma produção de conhecimento que entroniza a razão do pensamento (a ciência) ante outras formas de conhecimento que foram lançadas no extraterritório do saber (Leff, 2002). O segundo se refere aos povos saqueados, marginalizados, escravizados e colonizados; busca reativar e valorizar as cosmologias dos territórios expropriados nas grandes "descobertas" (Donghi, 1975).

Síntese

Em que medida as teorias dos híbridos* nos ajuda a pensar os territórios?

Vimos, neste capítulo, que é importante diferenciarmos o pensamento de Deleuze e Guattari e de Escobar dos demais autores da teoria pós-estruturalista com quem dialogamos neste texto, como Latour e Ingold. A proposta dos dois primeiros autores se inscreve

---

*   Apesar de o termo *híbrido* ser um conceito muito explorado na teoria de Latour, a ideia nos serve como categoria generalizante que compreende a interação entre humanos e não humanos.

num plano ontológico, e Latour e Ingold buscam recuperar nas análises uma ausência, mais ao modo dos mecanismos de conhecimento, uma espécie de epistemologia política da ciência.

Abordamos, ainda, o tratamento de Deleuze e Guattari (2010, 2011) aos processos de vida, de ser e estar no mundo; estes são influenciados diretamente por esse mesmo mundo como fator essencial. Por outro lado, vimos que Latour e Ingold apontam essa marca no modo como pensamos e produzimos conhecimento no e sobre o mundo.

Indicações culturais

FRIDA. Direção: Julie Taymor. EUA/Canadá/México: Miramax, 2002. 123 min.
    O filme conta a história da pintora e ativista política mexicana Frida Kahlo. Além dos aspectos controversos acerca de sua arte e de sua postura política, o filme nos mostra as tensões de um processo de colonização e dominação e suas tensões nas escolhas pessoais, nos papéis de gênero, nas expressões artísticas etc.

XXY. Direção: Lucía Puenzo. Argentina/França/Espanha: Imovision, 2007. 90 min.
    A/O personagem principal do filme (Alex) nasceu com características sexuais de ambos os sexos. Numa postura próxima à das teorias de gênero, nas quais a pessoa não tem ou não deveria ter um papel definido, mas poder manifestar-se livremente ao longo da sua vida, seus pais se mudam para uma pequena cidade no Uruguai, para fugir de um discurso da medicina moderna, que é, no mais das vezes, completamente dualista e normativo. É muito interessante para pensar os papéis e os preconceitos que manejamos durante nossos processos de socialização.

Atividades de autoavaliação

1] A corrente estruturalista está conectada com quais epistemologias?
   a) Linguística e fenomenologia.
   b) Perspectivismo ameríndio e estruturalismo.
   c) Positivismo e ontologia.
   d) Existencialismo e linguística.
   e) Mediterrâneo e Ásia Oriental.

2] A qual autor é associada a corrente estruturalista?
   a) Jacques Derrida.
   b) Gilles Deleuze.
   c) Jean Baudrillard.
   d) Claude Lévi-Strauss.
   e) Bruno Latour.

3] Com Latour, vimos a noção de *simetria*, que corresponde:
   a) a um pensamento organizado matematicamente.
   b) a uma divisão igualitária entre trabalho teórico e trabalho de campo.
   c) a um pensamento conjunto sobre cultura e natureza.
   d) a uma estruturação epistêmica de forma holística.
   e) à estruturação da linguagem.

4] Que corrente busca conciliar, em seu desenvolvimento teórico, humanos e não humanos?
   a) Pós-modernidade.
   b) Pós-estruturalismo.
   c) Pensamento moderno.

d) Ciências naturais.
e) Pensamento lógico.

5] A noção de territórios deve ser compreendida como:
a) uma noção em que pensamos as particularidades de um território.
b) um sistema concatenado entre as estruturas de uma cultura.
c) um fluxo contínuo entre processos sociais e processos ambientais.
d) uma mescla entre ciências ambientais e ciências sociais.
e) uma porção territorial delimitada pelo Estado.

Atividades de aprendizagem

Questões para reflexão

1] A ciência pós-moderna nos conecta com novas possibilidades para pensar as relações sociais e nos abre a possibilidade de pensar outras formas de teoria, além das estabelecidas pelos circuitos de pensamento europeu. Com ela, surgiram estudos de correntes feministas, pós-colonialistas e pós-estruturalistas. Tendo o sujeito como objeto de análise, escreva um relato que aponte como ele era definido na teoria social clássica e como ele deve ser considerado na corrente pós-estruturalista.

2] Com base na noção de socioambiente (noção territorial que compreende a conexão entre sociedade e natureza), formule um problema de pesquisa de caráter socioambiental (em vez de somente social).

Atividade aplicada: prática

1] A fim de fixar as noções de simetria e de habitação, formule, com base nas teorias desenvolvidas neste livro, um pequeno ensaio que ressalte características de uma sociedade híbrida. Estabeleça pontos de distinção com a noção de sociedade compreendida como um coletivo de humanos.

Considerações finais
[...]

Como vimos, este livro fala sobre ciência, ou melhor, traz uma crítica à ciência sob a figura da cultura da pós-modernidade. Nesta obra, a ciência ganhou outro aspecto: o saber dos saberes, a verdade absoluta, alguma coisa que está oculta nas sombras e que orienta todas as nossas práticas. Ainda que este livro não se tenha detido sobre os chamados *social studies in science**, nem pretenda aí se incluir, estamos de acordo com Filippi (2006, p. 56, tradução nossa), quando afirma que "Em que se pesem as divergências entre os pensadores que se inscrevem no estilo de pensar pós-moderno – divergências que resultam em críticas que fazem uns aos outros – algo indiscutível é sua comum aversão pela metafísica, cujo acabamento proclamam"**.

*   Os pensadores dos chamados *estudos sociais da ciência* (em tradução literal) desenvolvem pesquisas relacionadas à filosofia, sociologia e história da ciência, além de estudos sobre as relações entre tecnologia e sociedade. São trabalhos que procuram estudar as ciências e seus processos de dentro, analisando o fazer científico e seus efeitos.

** "Sea como fuere, y pese a las divergencias entre los pensadores que se adscriben a este estilo de pensar posmoderno – divergencias que dan ocasión a las críticas que se formulan unos a otros – lo indiscutible es su común aversión por la metafísica, cuyo acabamiento proclaman" (Filippi, 2006, p. 56).

Se a ciência assume sua falha na busca da definição exata das coisas do mundo, nas linhas que construímos – os que escrevem e os que leem – a própria ciência não é definida, pelo menos não em sua ideia mais clássica. Na obra, entendemos a ciência como conhecimento absoluto ou metafísico amarrado a uma ideia da construção de linguagem acerca do saber, mas também como um instrumento para fazer o caminho inverso, desconstruindo signos e avançando trincheiras cada vez mais modestas.

Ficamos tentados em realizar, à luz das teorias que apresentamos, uma análise contemporânea dos eventos políticos mundiais, ou pelo menos latino-americanos, dos últimos anos. Não o fizemos. Entretanto, devemos registrar nesga de esperança em face de um novo período sombrio para a história do pensamento, da criatividade e da diversidade. As portas podem ser fechadas, porém não todas. Sem ilusão, mas com o espírito movido pela eterna recalcitrância da ciência, continuamos inspirados pela noção de descoberta.

Agora, vejamos um pouco da "cozinha" deste texto.

Este livro foi escrito do início ao fim no mesmo lugar e, portanto, tem uma relação íntima com o território de produção. Enquanto nos deixávamos seduzir e entrávamos em cada labirinto a que éramos convidados pelos autores para desatar os nós (e para desatar-nos), fomos experenciando detalhes e momentos de uma vida que não fora planejada e que, ao final, se mostrou fascinante.

Esperamos que, enquanto enveredava pelas páginas, o leitor tenha sentido as vibrações e interrupções de cada inseto, zunidos, gorjeios de sabiás, curruíras, bem-te-vis, pardais, canários, jacus assustadores, tucanos, azulões, saíras sete-cores, tucanos, gralhas azuis... E que, por baixo dessas vibrações, como pano de fundo, tenha sentido as notas que saíam dos fones de ouvidos animados pelas sinfonias de Bach, Tchaikovsky, Debussy e Erik Satie; o *rock* de Metallica, Led Zeppelin e Foo Figthers; a serenidade dos boleros de Célia Cruz, Compay Segundo, Omara Portuondo e Joaquim Sabina; o violoncelo arrebatador de Yo-yo Ma.

Com o coração que batia na distância, assistíamos maravilhados e nostálgicos à paisagem de um verde quase absoluto, rodeado por montanhas e picos inspiradores, brincar com as formações de nuvens. Os céus, os reais e os só sentidos animaram os olhos e o espírito da mesma forma que Jorge Luis Borges, João Guimarães Rosa, Isabelle Stengers, Mia Couto ou García Márquez. Pudemos conhecer, enquanto escrevíamos, a poesia e a espiritualidade de cultivar legumes, vegetais e temperos; coisinhas que temperavam o alimento e davam o tom dos dias de chuva, sol, vento, frio e calor. Vivenciamos sem sentir as quatro estações, vimos a transformação da paisagem ser transplantada para as páginas deste livro; tudo mudava a cada momento. O artesanato intelectual ganhou som, movimento, cor, forma e sabor. Oxalá, isso possa ser sentido nesta obra. Oxalá que sim!

Referências
[...]

ADORNO, T. W. **Indústria cultural e sociedade**. São Paulo: Paz & Terra, 2002.

ALVES, A.; MELO, J. R. de. Sobre o conceito de estrutura: em que se pode reconhecer o estruturalismo? **Diálogos: Revista de Estudos Culturais e da Contemporaneidade**, n. 10, nov. 2013. Disponível em: <http://www.revistadialogos.com.br/Dialogos_10/Adjair_Roberto_Estrutura.pdf>. Acesso em: 11 set. 2020.

AMARAL, F. B. **La Perla de Soconusco e suas interações socioambientais**: mobilidade humana e agenciamentos de vidas na fronteira. 151 f. Tese (Doutorado em Sociologia) – Universidade Federal do Paraná, Curitiba, 2019. Disponível em: <http://hdl.handle.net/1884/62056>. Acesso em: 11 set. 2020.

AMEN, G. Algunos aportes fermentales de la primera etapa de Jean Baudrillard. **Psicología, Conocimiento y Sociedad**, v. 2, n. 1, p. 4-24, mayo 2012. Disponível em: <http://www.redalyc.org/articulo.oa?id=475847407002>. Acesso em: 11 set. 2020.

ANDERSON, B. R. O'G. **Comunidades imaginadas**: reflexões sobre a origem e a difusão do nacionalismo. São Paulo: Companhia das Letras, 2008.

BAUDRILLARD, J. **À sombra das maiorias silenciosas**: o fim do social e o surgimento das massas. São Paulo: Brasiliense, 1985.

BAUDRILLARD, J. **Selected Writings**. Stanford: Stanford University Press, 1988.

BAUDRILLARD, J. **Simulacros e simulação**. Lisboa: Relógio D'Água, 1991.

BAUMAN, Z. **44 cartas do mundo líquido moderno**. Rio de Janeiro: J. Zahar, 2011.

BAUMAN, Z. **Amor líquido**: sobre a fragilidade dos laços humanos. Rio de Janeiro: J. Zahar, 2009.

BAUMAN, Z. **Modernidade e ambivalência**. Rio de Janeiro: J. Zahar, 1999.

BAUMAN, Z. **Modernidade e holocausto**. Rio de Janeiro: J. Zahar, 1998.

BAUMAN, Z. **Modernidade líquida**. Rio de Janeiro: J. Zahar, 2001.

BECK, U. **Sociedade de risco**: rumo a uma outra modernidade. 2. ed. São Paulo: Ed. 34, 2011.

BENEDICT, R. **O crisântemo e a espada**: padrões da cultura japonesa. 2. ed. São Paulo: Perspectiva, 1997.

BENEDICT, R. **O crisântemo e a espada**: padrões da cultura japonesa. São Paulo: Perspectiva, 1972.

BONOMI, A. **Fenomenologia e estruturalismo**. São Paulo: Perspectiva, 1974.

BOURDIEU, P. **O poder simbólico**. Lisboa: Difel, 1989.

CONRAD, J. **O coração das trevas**. Porto Alegre: L&PM, 1998.

DELEUZE, G. **Lógica do sentido**. São Paulo: Perspectiva, 1982.

DELEUZE, G.; GUATTARI, F. **Mil platôs**: capitalismo e esquizofrenia. São Paulo: Ed. 34, 1995. v. 2.

DELEUZE, G.; GUATTARI, F. **Mil platôs**: capitalismo e esquizofrenia. 2. ed. São Paulo: Ed. 34, 2011. v. 1.

DELEUZE, G.; GUATTARI, F. **O que é a filosofia?** São Paulo: Ed. 34, 1992.

DELEUZE, G.; GUATTARI, F. **O que é a filosofia?** 3. ed. São Paulo: Ed. 34, 2010.

DEPRAZ, N. **Compreender Husserl**. 3. ed. Petrópolis: Vozes, 2011.

DERRIDA, J. **A escritura e a diferença**. São Paulo: Perspectiva, 1995.

DERRIDA, J. **A farmácia de Platão**. São Paulo: Iluminuras, 2005.

DERRIDA, J. **Gramatologia**. São Paulo: Perspectiva, 1973.

DERRIDA, J. **O animal que logo sou**: (a seguir). 2. ed. São Paulo: Ed. da Unesp, 2011.

DERRIDA, J. **Posições**. Belo Horizonte: Autêntica, 2001.

DESCARTES, R. **O discurso do método**. São Paulo: M. Fontes, 1996.

DESCOLA, P. **Outras naturezas, outras culturas**. São Paulo: Ed. 34, 2016.

DONGHI, H. **História da América Latina**. Rio de Janeiro: Paz e Terra, 1975.

DURANT, W. **A história da filosofia**. Rio de Janeiro: Record, 1996.

ELIAS, N. **Introdução à sociologia**. Lisboa: Edições 70, 1970.

ELIAS, N. **O processo civilizador**. 2. ed. Rio de Janeiro: J. Zahar, 1994.

ESCOBAR, A. **Sentipensar con la tierra**: nuevas lecturas sobre desarrollo, território y diferencia. Medellín: Unaula, 2014.

ESCOBAR, A. **Territorios de diferencia**: lugar, movimientos, vida, redes. Popayan: Envión, 2010.

FILIPPI, S. Heidegger, la metafísica y el pensamiento posmoderno. **Enfoques**, v. 18, n. 1-2, p. 51-90, 2006. Disponível em: <https://www.redalyc.org/articulo.oa?id=25918105>. Acesso em: 11 set. 2020.

FOUCAULT, M. **As palavras e as coisas**: uma arqueologia das ciências humanas. 8. ed. São Paulo: M. Fontes, 1999.

FREIRE, L. de L. Seguindo Bruno Latour: notas para uma antropologia simétrica. **Comum**, v. 11, n. 26, p. 46-65, jan./jun. 2006.

GIDDENS, A. **A constituição da sociedade**. 3. ed. São Paulo: WMF Martins Fontes, 2009.

GIDDENS, A. **As consequências da modernidade**. Rio de Janeiro: J. Zahar, 1990.

GIDDENS, A. **Modernidade e identidade**. Rio de Janeiro: J. Zahar, 2002.

HABERMAS, J. **Teoria do agir comunicativo**. São Paulo: M. Fontes, 2012.

HAESBAERT, R. Dos múltiplos territórios à multiterritorialidade. In: HAESBAERT, R. **O mito da desterritorialização**: do "fim dos territórios" à multiterritorialidade. Rio de Janeiro: Bertrand Brasil, 2004. p. 206-214.

HANNIGAN, J. **Environmental Sociology**: a Social Constructionist Perspective. New York: Routledge, 1995.

HARVEY, D. **A condição pós-moderna**: uma pesquisa sobre as origens da mudança cultural. São Paulo: Loyola, 1992.

HEGEL, G. W. F. **Fenomenologia do espírito**. Petrópolis: Vozes, 1991.

INGOLD, T. **Estar vivo**: ensaios sobre movimento, conhecimento e descrição. Petrópolis: Vozes, 2015.

INGOLD, T. Trazendo as coisas de volta à vida: emaranhados criativos num mundo de materiais. **Horizontes Antropológicos**, Porto Alegre, v. 18, n. 37, p. 25-44, jan./jun. 2012. Disponível em: <http://www.scielo.br/scielo.php?script=sci_arttext&pid=S0104-71832012000100002&lng=en&nrm=iso>. Acesso em: 7 abr. 2020.

JAMESON, F. O fim da temporalidade. **ArtCultura**, Uberlândia, v. 13, n. 22, p. 187-206, jan./jun. 2011.

JAMESON, F. Pós-modernidade e sociedade de consumo. **Novos Estudos Cebrap**, v. 12, p. 101-145, 1985.

JAMESON, F. **Pós-modernismo**: a lógica cultural do capitalismo tardio. São Paulo: Ática, 1996.

JAMESON, F. Pós-modernismo e sociedade de consumo. In: JAMESON, F. **A virada cultural**. Rio de Janeiro: Civilização Brasileira, 2006. p. 65-88.

KRIEGER, P. La deconstrucción de Jacques Derrida (1930-2004). **Anales del Instituto de Investigaciones Estéticas**, México, v. 26, n. 84, p. 179-188, mar. 2004. Disponível em: <http://www.scielo.org.mx/scielo.php?script=sci_arttext&pid=S0185-12762004000100009&lng=es&nrm=iso>. Acesso em: 11 set. 2020.

KUHN, T. **A estrutura das revoluções científicas**. São Paulo: Perspectiva, 1996.

LATOUR, B. **Jamais fomos modernos**: ensaio de antropologia simétrica. Rio de Janeiro: Ed. 34, 1994.

LATOUR, B. **Reagregando o social**: uma introdução à teoria do Ator-Rede. São Paulo: Edusc, 2012.

LATOUR, B.; WOOLGAR, S. **A vida de laboratório**: a produção dos fatos científicos. Rio de Janeiro: Relume Dumará, 1997.

LEFF, E. **Epistemologia ambiental**. 2. ed. São Paulo: Cortez, 2002.

LEIBNIZ, G. W. **Discurso de metafísica**. Lisboa: Edições 70, 1995.

LEMINSKI, P. **Toda poesia**. São Paulo: Companhia das Letras, 2013.

LUHMANN, N. **Social Systems**: Niklas Luhmann. Stanford: Stanford University Press, 1995.

LYON, D. **Pós-modernidade**. São Paulo: Paulus, 1998.

LYOTARD, J.-F. **A condição pós-moderna**. 7. ed. Rio de Janeiro: J. Olympio, 2002.

LYOTARD, J.-F. **A condição pós-moderna**. 12. ed. Rio de Janeiro: J. Olympio, 2009.

LYOTARD, J.-F. **O inumano**: considerações sobre o tempo. 2. ed. Lisboa: Estampa, 1997.

MACHADO, J. da S. O imperialismo da French Theory (sobre um certo Jean Baudrillard). **Matrizes**, v. 1, n. 1, p. 179-185, out. 2007. Disponível em: <http://www.redalyc.org/articulo.oa?id=143017362010>. Acesso em: 11 set. 2020.

MAFFESOLI, M. **O tempo das tribos**: o declínio do individualismo nas sociedades de massa. 4. ed. Rio de Janeiro: Forense Universitária, 2006.

MARCUSE, H. Sobre o caráter afirmativo da cultura. In: MARCUSE, H. **Cultura e sociedade**. São Paulo: Paz e Terra, 2006. v. 1. p. 245-279.

MARX, K. **O Capital**: crítica da economia política. São Paulo: Abril Cultural, 1984. Livro Primeiro, Tomo 2.

MIGNOLO, W. **Habitar la frontera.** España: Book Print Digital, 2015.

MORENO, J. C. A internet em McLuhan, Baudrillard e Habermas. **OBS***,Lisboa,v.7,n.3,p.59-77,jun.2013.Disponívelem:<http://www.scielo.mec.pt/scielo.php?script=sci_arttext&pid=S1646-59542013000300004&lng=pt&nrm=iso>. Acesso em: 11 set. 2020.

NASCIMENTO, E. **Derrida.** Rio de Janeiro: J. Zahar, 2004.

NIETZSCHE, F. W. **Assim falava Zaratustra:** livro para todos e para ninguém. 3. ed. Lisboa: Presença, 1976.

NIETZSCHE, F. W. **Crepúsculo dos ídolos, ou como se filosofa às marteladas.** Lisboa: Guimaraes, 1985.

NIETZSCHE, F. W. **Humano, demasiado humano**: 1874-1878. 3. ed. Buenos Aires: Aguilar, 1954.

NIETZSCHE, F. W. **O nascimento da tragédia.** São Paulo: Rideel, 2005.

PAGNI, P. A. Da polêmica sobre a pós-modernidade aos 'desafios' lyotardianos à filosofia da educação. **Educação e Pesquisa**, São Paulo, v. 32, n. 3, p. 567-587, set./dez. 2006. Disponível em: <http://www.scielo.br/scielo.php?script=sci_arttext&pid=S1517-97022006000300010&lng=en&nrm=iso>. Acesso em: 11 set. 2020.

PLATÃO. **Fedro.** Lisboa: Guimarães, 1986.

POLANYI, K. **A grande transformação**: as origens da nossa época. 2. ed. Rio de Janeiro: Campus, 2000.

SADE, C. Enação e metodologias de primeira pessoa: o reencantamento do concreto das investigações da experiência. **Informática na Educação: teoria & prática**, Porto Alegre, v. 12, n. 2, p. 45-58, jul./dez. 2009.

SAID, E. **Cultura e imperialismo**. São Paulo: Companhia das Letras, 2011.

SANTOS, L. G. dos. Rumo a uma nova terra. **Revista Ecopolítica**, São Paulo, n. 5, p. 38-49, jan./abr. 2013.

SANTOS, M. **Espaço e método**. São Paulo: Nobel, 1985.

SAUSSURE, F. **Curso de linguística geral**. São Paulo: Cultrix, 1995.

SHINN, T. Desencantamento da modernidade e da pós-modernidade: diferenciação, fragmentação e a matriz de entrelaçamento. **Sciences Studies**, São Paulo, v. 6, n. 1, p. 43-81, jan./mar. 2008. Disponível em: <http://www.scielo.br/scielo.php?script=sci_arttext&pid=S1678-31662008000100003&lng=en&nrm=iso>. Acesso em: 11 set. 2020.

STENGERS, I. **Reativar o animismo**. Belo Horizonte: Chão de Feira, 2017. (Caderno de Leituras, 62).

STRATHERN, P. **Derrida 90 minutos**. Rio de Janeiro: J. Zahar, 2002.

THIRY-CHERQUES, H. R. O primeiro estruturalismo: método de pesquisa para as ciências da gestão. **Revista de Administração Contemporânea**, Curitiba, v. 10, n. 2, p. 137-156, abr./jun. 2006. Disponível em: <http://www.scielo.br/scielo.php?script=sci_arttext&pid=S1415-65552006000200008&lng=en&nrm=iso>. Acesso em: 11 set. 2020.

VARELA, F. **Conhecer**: as ciências cognitivas tendências e perspectivas. Lisboa: Instituto Piaget, 1988.

VATTIMO, G. **El fin de la modernidad**. Barcelona: Gedisa, 1986.

WEBER, M. **A ética protestante e o espírito do capitalismo**. 14. ed. São Paulo: Pioneira, 1999.

WILLIAMS, J. **Pós-estruturalismo**. 2. ed. Petrópolis, RJ: Vozes, 2013.

Bibliografia comentada
[...]

BAUMAN, Z. **Modernidade líquida**. Rio de Janeiro: J. Zahar, 2001.

Nessa obra, a pós-modernidade é entendida pelas transformações das relações sociais como um fluxo interativo mais efêmero. Tal condição de fluidez se instaura nas relações afetivas devido à transformação das relações de produção, que não se descola de um mundo capitalista e globalizado. Essas duas condições são meio de cultura para o surgimento de um social com relações menos sólidas ou estáveis, seja nas relações familiares ou de vizinhança, seja nas relações comerciais ou amorosas. De fato, estas últimas passam a ser regidas por uma racionalidade econômica capitalista e pela sua lógica de operação de troca.

CONRAD, J. **O coração das trevas**. Porto Alegre: L&PM, 1998.

Esse romance nos coloca diretamente no coração das trevas, ou seja, da modernidade. É claro que essa é uma figura de linguagem nossa, mas quem lê vai perceber as entranhas do capitalismo e da modernidade (um par inseparável) na narração em primeira pessoa de um capitão de barco belga que navegou pelo continente africano. A história da relação e a percepção (uma quase confissão, já que o próprio autor teve essa experiência) dos europeus para a cultura africana nos revelam com detalhes a construção do eu a partir do reconhecimento do outro como selvagem, o humano-natureza.

DELEUZE, G.; GUATTARI, F. **O que é a filosofia?** São Paulo: Ed. 34, 2010.

Um livro provocante e desafiador em que os dois autores buscam estabelecer as principais definições de conceitos e suas origens para atribuir uma perspectiva territorial à filosofia. Nesse sentido, fazem da reflexão filosófica uma geofilosofia que aterrissa as principais categorias de pensamento, o que faz com que a filosofia seja entendida por uma base empírica que não abandona a transcendência nem tampouco a potência. Nessa potência, os autores vão manifestando o incômodo que deve ser sentido pelos filósofos e pelos pensadores ao conceituar e categorizar qualquer fenômeno. O conhecimento é questionado nesta leitura crítica, que se revela muitas vezes no olhar de quem faz ciência e arte.

ESCOBAR, A. **Territorios de diferencia**: lugar, movimientos, vida, redes. Popayan: Envión, 2010.

Nesse bonito trabalho, o colombiano Arturo Escobar nos revela um olhar descolonial da teoria social. Centrada na investigação empírica, a teoria desse autor nos conduz a pensar o indígena e o afro-americano segundo a construção e a defesa de suas identidades e seus direitos. Além disso, são enfatizadas as relações dessas culturas com seus territórios e é desenhado um exercício de interação social que não se realiza sem o ambiental – aqui, a teoria de Deleuze e Guattari encontra algum amparo na interpretação que lhe dá o autor colombiano. A proposta de uma ontologia política é estabelecida nessa obra por intermédio da noção de outros modelos de vida que não são só resistência ao modelo eurocêntrico, mas, e mais que tudo, "re-existência".

LYOTARD, J.-F. **A condição pós-moderna**. 12. ed. Rio de Janeiro: J. Olympio, 2009.

A ciência perde seu lugar como fundamento sólido da humanidade, e Lyotard se põe a analisar essa dimensão de transformação das sociedades humanas (com ênfase na Europa). Nessa obra, a mescla de ciência e filosofia fica evidente, e o autor vai estabelecendo conceitos com base numa sociofilosofia. O projeto científico de controle do saber e do conhecimento, alocado em um lugar diferente das outras formas de conhecimento, é percebido empiricamente como falho pelas sociedades após grandes e profundas transformações sociais que a ciência não soube resolver, como as grandes guerras e o choque de um capitalismo que funciona com uma lógica independente. Lyotard, então, localiza essa mobilidade da "sociedade humana" moderna para uma sociedade que se abre para o desconhecido sem a segurança da ciência.

Capítulo 4

[1] d
[2] a
[3] b
[4] c
[5] a

Capítulo 5

[1] c
[2] a
[3] b
[4] d
[5] a

Capítulo 6

[1] a
[2] d
[3] c
[4] b
[5] c

Respostas

[...]

Capítulo 1

[1] d
[2] a
[3] c
[4] b
[5] a

Capítulo 2

[1] c
[2] b
[3] d
[4] d
[5] a

Capítulo 3

[1] d
[2] c
[3] a
[4] c
[5] a

Sobre o autor
[...]

Felipe Bueno Amaral é doutor e mestre em Sociologia pela Universidade Federal do Paraná (UFPR). É graduado em Gestão Ambiental pela Universidade do Oeste de Santa Catarina (Unoesc) e pesquisador dos grupos Epistemologia e Sociologia Ambiental (UFPR/CNPQ) e Estudios de Migración y Procesos Transfronterizos (ECOSUR/CONACYT). Nos últimos anos, tem se dedicado aos temas: teoria sociológica; sociologia ambiental; estudos de migração, fronteiras e territórios.

Impressão:
Setembro/2020